Las Aventuras de Sherlock Holmes

La Corona de Berilos

Parallel text sentence by sentence
in Spanish and English

www. bilibook.com

A few hints

The following notation is used to mark the text:

Individual words are marked with superscript numbers. For compound words, the corresponding words are in brackets.

No (voy a[1]) trabajar[2] este[3] (fin de semana[4]).
I will[1] not work[2] this[3] weekend[4].

If compound words are not consecutive, the individual words are marked separately and the letters 'a' and 'b' are appended to the superscript number.

Lisa llegó[1a] pronto[2] (a la conclusión[1b]) de que era inútil[3].
Lisa soon[2] (came to the conclusion[1]) that it was useless[3].

Have fun while reading

Las aventuras[1] de Sherlock Holmes

The Adventures[1] of Sherlock Holmes

La Corona[2] de Berilos[1]

The Beryl[1] Coronet[2]

de Arthur Conan Doyle

by Arthur Conan Doyle

-Holmes -dije[1] una mañana[2], mientras contemplaba la calle[3] desde nuestro mirador-, por ahí viene[5] un loco[4].

'Holmes,' said[1] I as I stood one morning[2] in our bow-window looking down the street[3], 'here is a madman[4] coming[5] along.

¡Qué vergüenza que su familia le deje[1] salir[2] solo[3]!

It seems rather sad that his relatives should allow[1] him to ⟨come out[2]⟩ alone[3].'

Mi amigo[1] se levantó[2] perezosamente[3] de su sillón[4] y miró[8] sobre mi hombro[9], con las manos[5] metidas en los bolsillos[6] de su bata[7].

My friend[1] rose[2] lazily[3] from his armchair[4] and stood with his hands[5] in the pockets[6] of his dressing-gown[7], looking[8] over my shoulder[9].

Era una mañana[4] fresca[2] y luminosa[1] de febrero[3],
It was a bright[1], crisp[2] February[3] morning[4],

y la nieve[1] del día anterior[2] aún permanecía acumulada sobre el suelo[3], en una espesa capa que brillaba[4] bajo el sol[6] invernal[5].
and the snow[1] of the day before[2] still lay deep upon the ground[3], shimmering[4] brightly in the wintry[5] sun[6].

En el centro[1] de la calzada de Baker Street, el tráfico[6] la había surcado[2] formando una franja[5] terrosa[4] y parda[3],
Down the centre[1] of Baker Street it had been ploughed[2] into a brown[3] crumbly[4] band[5] by the traffic[6],

pero a ambos[1] lados[2] de la calzada y en los bordes de las aceras[3] aún seguía tan blanca[4] como cuando cayó[5].
but at either[1] side[2] and on the heaped-up edges of the foot-paths[3] it still lay as white[4] as when it fell[5].

El pavimento[2] gris[1] estaba limpio[3] y barrido[4],
The grey[1] pavement[2] had been cleaned[3] and scraped[4],

pero aún resultaba peligrosamente[1] resbaladizo[2], por lo que se veían menos[3] peatones[4] (que de costumbre[5]).
but was still dangerously[1] slippery[2], so that there were fewer[3] passengers[4] (than usual[5]).

(En realidad[1]), por la parte que llevaba a la estación[2] del Metro no venía[4] nadie[3],
Indeed[1], from the direction of the Metropolitan Station[2] (no one[3]) (was coming[4])

a excepción del solitario[1] caballero cuya[2] excéntrica[3] conducta[4] me (había llamado[5]) la atención[6].

save the single[1] gentleman whose[2] eccentric[3] conduct[4] (had drawn[5]) my attention[6].

Se trataba de un hombre[1] de unos cincuenta[2] años, alto[3], corpulento[4] y de aspecto imponente[5],

He was a man[1] of about fifty[2], tall[3], portly[4], and imposing[5],

con un rostro[2] enorme[1], de rasgos muy marcados, y una figura[4] impresionante[3].

with a massive[1], strongly marked face[2] and a commanding[3] figure[4].

Iba vestido[1] con estilo[5] serio[2], pero[3] lujoso[4]:

He was dressed[1] in a sombre[2] yet[3] luxurious[4] style[5],

levita[2] negra[1], sombrero[4] reluciente[3], polainas[6] impecables de color pardo[5] y pantalones[9] (gris perla[8]) de muy (buen corte[7]).

in black[1] frock-coat[2], shining[3] hat[4], neat brown[5] gaiters[6], and well-cut[7] pearl-gray[8] trousers[9].

(Sin embargo[1]), su (manera de actuar[2]) ofrecía un absurdo[3] contraste[4] con la dignidad[5] de su atuendo y su porte[6],

Yet[1] his actions[2] were in absurd[3] contrast[4] to the dignity[5] of his dress and features[6],

porque[1] venía a todo correr, dando saltitos[3] (de vez en cuando[2]),

for[1] he was running hard, with occasional[2] little

springs[3],

como los que da un hombre[2] cansado[1] y poco[3] acostumbrado[4] a someter a un esfuerzo[5] a sus piernas[6].
such as a weary[1] man[2] gives who is little[3] accustomed[4] to set any tax[5] upon his legs[6].

Y mientras[1] corría[2], (alzaba y bajaba[4)] las manos[3], movía[5] de un lado a otro la cabeza[6]
As[1] he ran[2] he jerked his hands[3] (up and down[4)], waggled[5] his head[6],

y deformaba[1] su cara[2] con (las más[3)] extraordinarias[4] contorsiones[5].
and writhed[1] his face[2] into (the most[3)] extraordinary[4] contortions[5].

-¿Qué[1] demonios puede pasarle? -pregunté[2]-.
'What[1] on earth can be the matter with him?' I asked[2].

Está mirando[1] los números[2] de las casas[3].
'He is looking[1] up at the numbers[2] of the houses[3].'

-Creo[1] que viene[2] aquí[3] -dijo Holmes, frotándose[4] las manos[5].
'I believe[1] that he is coming[2] here[3],' said Holmes, rubbing[4] his hands[5].

-¿Aquí[1]?
'Here[1]?'

-Sí, y yo diría que viene[1] a consultarme[2] profesionalmente[3].

'Yes; I rather think he ⟨is coming[1]⟩ to ⟨consult me[2]⟩ professionally[3].

Creo[1] reconocer[2] los síntomas[3].

I think[1] that I recognise[2] the symptoms[3].

¡Ajá! ¿No se lo dije[1]?

Ha! did I not tell[1] you?

-mientras[1] Holmes hablaba[2], el hombre[3], jadeando[5] y resoplando[4], llegó corriendo a nuestra puerta[6]

' As[1] he spoke[2], the man[3], puffing[4] and blowing[5], rushed at our door[6]

y tiró de la campanilla[1] hasta[2] que las llamadas resonaron[4] en ⟨toda la casa[3]⟩.

and pulled at our bell[1] until[2] ⟨the whole house[3]⟩ resounded with the clanging[4].

Unos instantes[1] después[2] estaba ya en nuestra habitación[3], todavía[4] resoplando[5] y gesticulando[6],

A few moments[1] later[2] he was in our room[3], still[4] puffing[5], still gesticulating[6],

pero[1] con una expresión tan intensa de dolor[2] y desesperación[3] en los ojos[4]

but[1] with so fixed a look of grief[2] and despair[3] in his eyes[4]

que nuestras sonrisas[1] se trasformaron[2] ⟨al instante[3]⟩ en espanto[4] y compasión[5].

that our smiles[1] were turned[2] ⟨in an instant[3]⟩ to horror[4]

7

and pity[5].

Durante (un rato[1]) fue incapaz de articular una palabra[2],
For (a while[1]) he could not get his words[2] out,

y siguió oscilando[1] de un lado a otro y tirándose[2] de los cabellos[3] como[4] una persona arrastrada[5] más allá de los límites[6] de la razón[7].
but swayed[1] his body and plucked[2] at his hair[3] like[4] one who has been driven[5] to the extreme limits[6] of his reason[7].

(De pronto[1]), se puso en pie[2] de un salto y se golpeó[3] la cabeza[4] contra la pared[5]
Then, suddenly[1] springing to his feet[2], he beat[3] his head[4] against the wall[5]

con tal fuerza[1] que tuvimos que correr[2] en su ayuda y arrastrarlo[3] al centro[4] de la habitación[5].
with such force[1] that we both rushed[2] upon him and (tore him away[3]) to the centre[4] of the room[5].

Sherlock Holmes le empujó[1] hacia una butaca[2] y se sentó[3] a su lado,
Sherlock Holmes pushed[1] him down into the easy-chair[2] and, sitting[3] beside him,

dándole palmaditas en la mano[1] y procurando tranquilizarlo con la charla suave y acariciadora[2]
patted his hand[1] and chatted with him in the easy, soothing[2] tones

que tan bien sabía[1] emplear[2] y que tan excelentes resultados le había dado en otras ocasiones.
which he knew[1] so well how to employ[2].

-(Ha venido[1]) usted a contarme su historia[2], ¿no es así? - decía[3]-.
'You (have come[1]) to me to tell your story[2], have you not?' said[3] he.

Ha venido con tanta prisa[2] que está fatigado[1].
'You are fatigued[1] with your haste[2].

(Por favor[1]), aguarde[2] hasta[3] (haberse recuperado[4])
Pray[1] wait[2] until[3] you (have recovered[4]) yourself,

y entonces[1] tendré mucho gusto en considerar cualquier[2] pequeño[3] problema[4] que tenga a bien plantearme[5].
and then[1] I shall be most happy to look into any[2] little[3] problem[4] which you may submit[5] to me.'

El hombre[1] permaneció sentado[2] algo más[4] de un minuto[3] con el pecho[6] agitado[5], luchando[7] contra[8] sus emociones.
The man[1] sat[2] for a minute[3] or more[4] with a heaving[5] chest[6], fighting[7] against[8] his emotion.

Por fin, se pasó un pañuelo[1] por la frente[2], apretó los labios[3] y volvió[4] el rostro[5] hacia[6] nosotros.
Then he passed his handkerchief[1] over his brow[2], set his lips[3] tight, and turned[4] his face[5] towards[6] us.

-¿Verdad que me han tomado por un loco[1]? -dijo[2].
'No doubt you think me mad[1]?' said[2] he.

-Se nota que tiene usted algún[1] gran apuro[2] -respondió[3] Holmes.

'I see that you have had some[1] great trouble[2],' responded[3] Holmes.

-¡No lo sabe[1] usted bien!

'God knows[1] I have!

¡Un apuro[1] que me tiene totalmente trastornada[2] la razón[3], una desgracia inesperada y terrible[4]!

--a trouble[1] which is enough to unseat[2] my reason[3], so sudden and so terrible[4] is it.

Podría haber soportado la deshonra[2] pública[1], aunque[3] mi reputación ha sido siempre intachable.

Public[1] disgrace[2] I might have faced, although[3] I am a man whose character has never yet borne a stain.

Y una desgracia[2] privada[1] puede ocurrirle a cualquiera.

Private[1] affliction[2] also is the lot of every man;

Pero las dos cosas juntas[1], y de una manera[3] tan espantosa[2], han conseguido destrozarme[4] hasta el alma[5].

but the two coming together[1], and in so frightful[2] a form[3], have been enough to shake[4] my very soul[5].

Y además[1] no soy yo solo[2].

Besides[1], it is not I alone[2].

Esto afectará a los más altos personajes del país[1], (a menos[2]) que se le encuentre[4] una salida[3] a este horrible[5] asunto[6].

The very noblest in the land[1] may suffer unless[2] some way[3a] be found[4] out[3b] of this horrible[5] affair[6].'

-Serénese[2], (por favor[1)] -dijo[3] Holmes-, y explíqueme con claridad quién es usted y qué le ha ocurrido[4].

'Pray[1] compose[2] yourself, sir,' said[3] Holmes, 'and let me have a clear account of who you are and what it is that has befallen[4] you.'

-Es posible que mi nombre[1] les resulte familiar[4] -respondió[2] nuestro visitante[3]-.

'My name[1],' answered[2] our visitor[3], 'is probably familiar[4] to your ears.

Soy Alexander Holder, de la firma[2] bancaria[1] Holder & Stevenson, de Threadneedle Street.

I am Alexander Holder, of the banking[1] firm[2] of Holder & Stevenson, of Threadneedle Street.'

Efectivamente[2], (conocíamos bien[3)] aquel nombre[1], perteneciente[4] al socio[5] más antiguo del segundo[6] banco más importante de la City de Londres.

The name[1] was indeed[2] (well known[3)] to us as belonging[4] to the senior partner[5] in the second[6] largest private banking concern in the City of London.

¿Qué[1] podía haber ocurrido[2] para que uno de los ciudadanos[4] más prominentes[3] de Londres[5] quedara reducido a aquella patética[6] condición?

What[1] could have happened[2], then, to bring one of the foremost[3] citizens[4] of London[5] to this most pitiable[6] pass?

Aguardamos[1] llenos de curiosidad[2] hasta[3] que, con un nuevo esfuerzo[4], reunió fuerzas para contar[5] su historia[6].
(We waited[1]), all curiosity[2], until[3] with another effort[4] he braced himself (to tell[5]) his story[6].

-Opino que el tiempo[1] es oro -dijo[2]-,
'I feel that time[1] is of value,' said[2] he;

y por eso vine corriendo en cuanto el inspector de policía[1] sugirió[2] que procurara obtener su cooperación[3].
'that is why I hastened here when the police[1] inspector suggested[2] that I should secure your co-operation[3].

He venido[1] en Metro[2] hasta Baker Street, y he tenido que correr desde la estación porque los coches[3] van muy despacio[4] con esta nieve[5].
I came[1] to Baker Street by the Underground[2] and hurried from there on foot, for the cabs[3] go slowly[4] through this snow[5].

Por eso me he quedado sin aliento[1], ya que no estoy acostumbrado a hacer ejercicio[2].
That is why I was so out of breath[1], for I am a man who takes very little exercise[2].

Ahora[3] ya me siento[1] mejor[2] y le expondré los hechos[4] del modo más breve[5] y más claro[6] que me sea posible.
I feel[1] better[2] now[3], and I will put the facts[4] before you as shortly[5] and yet as clearly[6] as I can.

»Naturalmente[1], ustedes ya saben que para la buena marcha de una empresa[3] bancaria[2],

'It is, (of course[1]), well known to you that in a successful banking[2] business[3]

tan importante es saber invertir provechosamente nuestros fondos[1]

as much depends upon our being able to find remunerative investments for our funds[1]

como ampliar[1] nuestra clientela y el número[2] de depositarios[3].

as upon our increasing[1] our connection and the number[2] of our depositors[3].

Uno[1] de los sistemas más lucrativos[2] de invertir dinero[3] es en forma[4] de préstamos[5], cuando la garantía[6] (no ofrece dudas[7]).

One[1] of our most lucrative[2] means of laying out money[3] is in the shape[4] of loans[5], where the security[6] is unimpeachable[7].

En los últimos[2] años[3] (hemos hecho[1]) muchas operaciones de esta clase,

We (have done[1]) a good deal in this direction during the last[2] few years[3],

y son muchas[1] las familias[3] de la aristocracia[2] a las que hemos adelantado[4] grandes sumas[5] de dinero,

and there are many[1] noble[2] families[3] to whom we have advanced[4] large sums[5]

con la garantía de sus cuadros[1], bibliotecas[2] o vajillas de plata.

upon the security of their pictures[1], libraries[2], or plate.

»Ayer[1] por la mañana[2], me encontraba en mi despacho[3] del banco[4] cuando uno de los empleados[7] me trajo[6] una tarjeta[5].

'Yesterday[1] morning[2] I was seated in my office[3] at the bank[4] when a card[5] was brought[6] in to me by one of the clerks[7].

Di un respingo al leer el nombre[1], que era nada menos que

I started when I saw the name[1], for it was that of none other than

-- bueno, quizá[1] sea mejor[2] que no diga más, ni siquiera a usted. Baste con decir que se trata de un nombre conocido (en todo el mundo[3])

-- well, perhaps[1] even to you I had better[2] say no more than that it was a name which is a household word (all over the earth[3])

--uno de los nombres[3] más importantes, (más nobles[1]), más ilustres[2] de Inglaterra[4].

--one of the highest, noblest[1], most exalted[2] names[3] in England[4].

Me sentí abrumado[1] por el honor[2] e intenté[3] decírselo cuando[4] entró[5],

I was overwhelmed[1] by the honour[2] and attempted[3], when[4] he entered[5], to say so,

pero[1] él fue directamente al grano del negocio[2], con el aire[3] de quien quiere despachar cuanto antes una tarea[5] desagradable[4].

but[1] he plunged at once into business[2] with the air[3] of a man who wishes to hurry quickly through a disagreeable[4] task[5].

»-Señor Holder -dijo[1]-, se me ha informado[2] de que presta usted dinero[3].
'Mr. Holder,' (said he[1]), 'I have been informed[2] that you are in the habit of advancing money[3].'

»-La firma[1] lo hace cuando[2] la garantía[3] es buena[4] -respondí[5] yo.
'The firm[1] does so when[2] the security[3] is good[4].' I answered[5].

»-Me es absolutamente[1] imprescindible[2] -dijo[3] él- disponer (al momento[6]) de (cincuenta mil[4]) libras[5].
'It is absolutely[1] essential[2] to me,' said[3] he, 'that I should have 50,000[4] pounds[5] (at once[6]).

(Por supuesto[1]), podría obtener una suma[4] diez veces[5] superior a esa insignificancia[3] pidiendo prestado[2] a mis amigos[6],
I could, (of course[1]), borrow[2] so trifling[3] a sum[4] ten times[5] over from my friends[6],

pero prefiero[1] llevarlo como una operación comercial[2] y ocuparme del asunto personalmente.
but I much prefer[1] to make it a matter of business[2] and to carry out that business myself.

Como comprenderá[2] usted, en mi posición[1] no conviene contraer ciertas obligaciones[3].

In my position[1] you can readily understand[2] that it is unwise to place one's self under obligations[3].'

»-¿Puedo preguntar[1] durante cuánto tiempo necesitará usted esa suma[2]? -pregunté.
'For how long, may I ask[1], do you want this sum[2]?' I asked.

»-El lunes[1] que viene cobraré una cantidad importante,
'Next Monday[1] I have a large sum due to me,

y entonces podré, con toda seguridad, devolverle[1] lo que usted me adelante[2], más los intereses[3] que considere[4] adecuados.
and I shall then most certainly repay[1] what you advance[2], with whatever interest[3] you think[4] it right to charge.

Pero[1] me resulta imprescindible[2] disponer del dinero[3] en (el acto[4)].»
But[1] it is very essential[2] to me that the money[3] should be paid (at once[4)].'

-Tendría mucho gusto en prestárselo yo mismo, de mi propio[1] bolsillo[2] y sin más trámites, pero la cantidad excede un poco a mis posibilidades.
'I should be happy to advance it without further parley from my own[1] private purse[2],' said I, 'were it not that the strain would be rather more than it could bear.

Por otra[1] parte, si lo hago en nombre[2] de la firma[3], entonces[4], en consideración a mi socio[5],

If, on the other[1] hand, I am to do it in the name[2] of the firm[3], then[4] in justice to my partner[5]

tendría que insistir[1] en que, aun tratándose de usted, se tomaran todas las garantías pertinentes[2].

I must insist[1] that, even in your case, every businesslike[2] precaution should be taken.'

»-Lo prefiero[1] así[2], y con mucho -dijo él, alzando[3] una caja[6] de tafilete[5] negro[4] que había dejado junto a su silla[7]-.

'I should much prefer[1] to have it so[2],' said he, (raising up[3)] a square, black[4] morocco[5] case[6] which he had laid beside his chair[7].

Supongo que habrá oído[1] hablar de la corona[3] de berilos[2].

'You have doubtless heard[1] of the Beryl[2] Coronet[3]?'

»-Una[1] de las más[2] preciadas[3] posesiones públicas[4] del Imperio[5] -respondí yo.

'One[1] of the most[2] precious[3] public[4] possessions of the empire[5],' said I.

»-(En efecto[1)] -abrió[2] la caja[3] y allí[4], embutida[5] en blando[6] terciopelo[8] (de color carne[7)],

17

'Precisely[1].' He opened[2] the case[3], and there[4], imbedded[5] in soft[6], flesh-coloured[7] velvet[8],

apareció la magnífica[1] joya[2] que acababa de nombrar-.
lay the magnificent[1] piece of jewellery[2] which he had named.

Son (treinta y nueve[1]) berilos[3] enormes[2] -dijo-, y el precio[4] de la montura[6] de oro[5] es incalculable[7].
'There are thirty-nine[1] enormous[2] beryls[3],' said he, 'and the price[4] of the gold[5] chasing[6] is incalculable[7].

La tasación[2] (más baja[1]) fijará el precio[3] de la corona[4] en más del doble[5] de la suma que le pido[6].
The lowest[1] estimate[2] would put the worth[3] of the coronet[4] at double[5] the sum which I have asked[6].

Estoy dispuesto[1] a dejársela[2] como garantía[3].
I am prepared[1] to leave[2] it with you as my security[3].'

»Tomé[1] en las manos[4] el precioso[2] estuche[3] y miré con cierta perplejidad[5] a mi ilustre[6] cliente[7].
'I took[1] the precious[2] case[3] into my hands[4] and looked in some perplexity[5] from it to my illustrious[6] client[7].

»-¿Duda[1] usted de su valor[2]? -preguntó[3]
'You doubt[1] its value[2]?' he asked[3].

»-(En absoluto[1]). Sólo[2] dudo[3] ....
'(Not at all[1]). I only[2] doubt[3] --'

»-... de que yo obre correctamente[1] al dejarla[2] aquí.

The propriety[1] of my leaving[2] it.

Puede[1] usted estar tranquilo.

You may[1] set your mind at rest about that.

Ni en sueños se me ocurriría hacerlo si no estuviese absolutamente[1] seguro[2] de poder recuperarla[5] en cuatro[3] días[4].

I should not dream of doing so were it not absolutely[1] certain[2] that I should be able in four[3] days[4] to reclaim[5] it.

Es una mera[1] formalidad[2].

It is a pure matter[1] of form[2].

¿Le parece suficiente[2] garantía[1]?

Is the security[1] sufficient[2]?'

»-Más que suficiente[1].

'Ample[1].'

»-Se dará usted cuenta, señor[1] Holder, de que con esto le doy[2] una enorme[3] prueba[4] de la confianza[5]

'You understand, Mr.[1] Holder, that I am giving[2] you a strong[3] proof[4] of the confidence[5]

que tengo[1] en usted, basada[2] en las referencias que me han dado.

which I have[1] in you, founded[2] upon all that I have heard of you.

Confío[1] en que no sólo[2] será discreto[3] y se abstendrá[4] de todo comentario[5] sobre el asunto[6],

I rely[1] upon you not only[2] to be discreet[3] and to refrain[4] from all gossip[5] upon the matter[6]

sino[1] que además, y por encima de todo, cuidará de esta corona[2] con toda clase de precauciones[3],

but[1], above all, to preserve this coronet[2] with every possible precaution[3]

porque[1] no hace falta que le diga que se organizaría un escándalo[2] tremendo si sufriera el menor daño[3].

because[1] I need not say that a great public scandal[2] would be caused if any harm[3] were to befall it.

Cualquier[1] desperfecto[2] sería casi[3] tan grave[4] como perderla[6] por completo[5],

Any[1] injury[2] to it would be almost[3] as serious[4] as its complete[5] loss[6],

ya que no existen en el mundo[2] berilos[1] como éstos, y sería imposible[3] reemplazarlos[4].

for there are no beryls[1] in the world[2] to match these, and it would be impossible[3] (to replace them[4]).

(No obstante[2]), se la dejo[1] con absoluta confianza[3], y vendré a recuperarla personalmente[4] el lunes[5] por la mañana[6].

I leave[1] it with you, however[2], with every confidence[3], and I shall call for it (in person[4]) on Monday[5] morning[6].'

Viendo[1] que mi cliente[2] estaba deseoso[3] de marcharse[4], no dije[5] nada más;

'Seeing[1] that my client[2] was anxious[3] (to leave[4]), I said[5] no more

llamé[1] al cajero[2] y le di orden de que pagara[3] cincuenta[4] mil libras[5] en billetes[6].
but, calling[1] for my cashier[2], I ordered him to pay[3] over fifty[4] 1000 pound[5] notes[6].

(Sin embargo[3]), cuando[1] me quedé solo[2] con el precioso[4] estuche[5] encima[6] de la mesa[7], (delante de[8]) mí,
When[1] I was alone[2] once more, however[3], with the precious[4] case[5] lying upon[6] the table[7] (in front of[8]) me,

no pude evitar pensar[1] con cierta inquietud[2] en la inmensa[3] responsabilidad[4] que había contraído[5].
I could not but think[1] with some misgivings[2] of the immense[3] responsibility[4] which it entailed[5] upon me.

No cabía duda[1] de que, por tratarse de una propiedad[2] de la nación, el escándalo[3] sería terrible si le ocurriera[5] alguna desgracia[4].
There could be no doubt[1] that, as it was a national possession[2], a horrible scandal[3] would ensue if any misfortune[4] should occur[5] to it.

Empecé a lamentar[1] el haber aceptado[2] quedarme con ella.
I already regretted[1] having ever consented[2] to take charge of it.

Pero ya era (demasiado tarde[1]) para cambiar[2] las cosas[3], así que la guardé en mi (caja de seguridad[5]) privada[4], y volví a mi trabajo[6].
However, it was (too late[1]) to alter[2] the matter[3] now, so I locked it up in my private[4] safe[5] and turned once more to

my work[6].

»Al llegar la noche[1], me pareció que sería una imprudencia[2] dejar[3] un objeto[5] tan valioso[4] en el despacho[6].

'When evening[1] came I felt that it would be an imprudence[2] to leave[3] so precious[4] a thing[5] in the office[6] behind me.

No sería la primera vez que se fuerza[2] la caja[1] de un banquero. ¿(Por qué[3)] no habría de pasarle a la mía[4]?

Bankers' safes[1] had been forced[2] before now, and why[3] should not mine[4] be?

Así pues, decidí[1] que durante los días[2] siguientes llevaría[4] siempre[3] la corona conmigo,

I determined[1], therefore, that for the next few days[2] I would always[3] carry[4] the case backward and forward with me,

para que nunca[1] estuviera (fuera de[2)] mi alcance[3].

so that it might never[1] be really (out of[2)] my reach[3].

Con esta intención[1], llamé[2] a un coche[3] y me hice conducir[4] a mi casa[5] de Streatham, llevándome[6] la joya[7].

With this intention[1], I called[2] a cab[3] and drove[4] out to my house[5] at Streatham, carrying[6] the jewel[7] with me.

No respiré[1] tranquilo hasta[2] que la hube subido al piso de arriba[3] y guardado[4] bajo llave en el escritorio[5] de mi gabinete[6].

I did not breathe[1] freely until[2] I had taken it upstairs[3] and locked[4] it in the bureau[5] of my dressing-room[6].

»Y ahora[1], unas palabras[2] acerca del (personal de mi casa[3]), señor[4] Holmes, porque quiero que comprenda[6] perfectamente[5] la situación[7].

'And now[1] a word[2] as to my household[3], Mr.[4] Holmes, for I wish you to thoroughly[5] understand[6] the situation[7].

Mi mayordomo[1] y mi lacayo duermen[2] fuera[3] de casa[4], y se les puede descartar por completo[5].

My groom and my page[1] sleep[2] out[3] of the house[4], and may be set aside altogether[5].

Tengo tres doncellas[1], que llevan bastantes años[2] conmigo, y cuya honradez[3] está por encima[4] de toda sospecha[5].

I have three maid-servants[1] who have been with me a number of years[2] and whose absolute reliability[3] is quite above[4] suspicion[5].

Una cuarta doncella[1], Lucy Parr, lleva sólo[2] unos meses[4] a mi servicio[3].

Another, Lucy Parr, the second waiting maid[1], has only[2] been in my service[3] a few months[4].

(Sin embargo[2]), traía excelentes[1] referencias y siempre[3] ha cumplido a la perfección.

She came with an excellent[1] character, however[2], and has always[3] given me satisfaction.

Es una muchacha[2] muy bonita[1], y (de vez en cuando[4]) atrae a admiradores[3] que rondan[5] por la casa.

She is a very pretty[1] girl[2] and has attracted admirers[3] who have occasionally[4] hung[5] about the place.

Es el único[1] inconveniente[2] que le hemos encontrado[3],

That is the only[1] drawback[2] which we have found[3] to her,

pero[1] por lo demás consideramos que es una chica[2] excelente en todos[3] los aspectos[4].

but[1] we believe her to be a thoroughly good girl[2] in every[3] way[4].

»Eso en cuanto al servicio[1].

'So much for the servants[1].

Mi familia[1] es tan pequeña[2] que no tardaré mucho en describirla[3].

My family[1] itself is so small[2] that it will not take me long to describe[3] it.

Soy viudo[1] y tengo un solo[2] hijo[3], Arthur, que ha sido una decepción[4] para mí, señor[5] Holmes, una terrible decepción.[6]

I am a widower[1] and have an only[2] son[3], Arthur. He has been a disappointment[4] to me, Mr.[5] Holmes, a grievous disappointment.[6]

Sin duda[1], toda la culpa[3] es mía[2].

I have no doubt[1] that I am myself[2] to blame[3].

Todos dicen[1] que le he mimado[2] demasiado, y es muy[3] probable[4] que así sea.

People tell[1] me that I have spoiled[2] him. Very[3] likely[4] I have.

Cuando[1] falleció[4] mi querida[2] esposa[3], todo mi amor[5] se centró en él.

When[1] my dear[2] wife[3] died[4] I felt that he was all I had to love[5].

No podía[1] soportar[2] que la sonrisa[3] se borrara[4] de su rostro[6] ni por un instante[5].

I could[1] not bear[2] to see the smile[3] fade[4] even for a moment[5] from his face[6].

Jamás[1] le negué[2] ningún capricho.
I have never[1] denied[2] him a wish.

(Tal vez[1]) habría sido mejor[2] para los dos que yo me hubiera mostrado más severo[3], pero lo hice con la mejor[4] intención.
Perhaps[1] it would have been better[2] for both of us had I been sterner[3], but I meant it for the best[4].

»Naturalmente[1], yo tenía la intención[2] de que él me sucediera[3] en el negocio[4], pero no tenía madera de financiero.
'It was naturally[1] my intention[2] that he should succeed[3] me in my business[4], but he was not of a business turn.

Era alocado[1], indisciplinado y, para ser sincero[2], no se le podían confiar[3] sumas[4] importantes de dinero[5].
He was wild[1], wayward, and, to speak the truth[2], I could not trust[3] him in the handling of large sums[4] of money[5].

Cuando[1] era joven[2] se hizo miembro[3] de un club[5] aristocrático[4],
When[1] he was young[2] he became a member[3] of an aristocratic[4] club[5],

y allí, gracias a su carácter simpático, no tardó en hacer amistades con gente de bolsa[1] bien repleta y costumbres[3] caras[2].
and there, having charming manners, he was soon the intimate of a number of men with long purses[1] and

25

expensive² habits³.

Se aficionó a jugar¹ a las cartas² y apostar³ en las carreras⁴,
He learned ⁽to play¹⁾ heavily at cards² and to squander³ money on the turf⁴,

y continuamente acudía a mí, suplicando¹ que le diese un adelanto² de su asignación³ para poder saldar⁴ sus deudas⁵ de honor⁶.
until he had again and again to come to me and implore¹ me to give him an advance² upon his allowance³, that he might settle⁴ his debts⁵ of honour⁶.

Más de una vez intentó¹ romper² con aquellas peligrosas³ compañías⁴,
He tried¹ more than once to break² away from the dangerous³ company⁴ which he was keeping,

pero la influencia¹ de su amigo² sir George Burnwell ⁽le hizo volver³⁾ en todas las ocasiones.
but each time the influence¹ of his friend², Sir George Burnwell, was enough to ⁽draw him back³⁾ again.

»A decir verdad, a mí no me extrañaba¹ que un hombre² como sir George Burnwell tuviera tanta influencia³ sobre⁴ él,
'And, indeed, I could not wonder¹ that such a man² as Sir George Burnwell should gain an influence³ over⁴ him,

porque lo trajo² ⁽muchas veces¹⁾ a casa³ e incluso a mí me resultaba difícil⁴ resistirme a la fascinación⁵ de su trato⁶.

for he has frequently[1] brought[2] him to my house[3], and I have found myself that I could hardly[4] resist the fascination[5] of his manner[6].

Es mayor[1] que Arthur, un hombre[2] de mundo[3] de pies a cabeza,
He is older[1] than Arthur, a man[2] of the world[3] to his finger-tips,

que ha estado en (todas partes[1]) y lo ha visto[2] todo[3], conversador[5] brillante[4] y con un gran[6] atractivo[8] personal[7].
one who had been everywhere[1], seen[2] everything[3], a brilliant[4] talker[5], and a man of great[6] personal[7] beauty[8].

(Sin embargo[1]), cuando pienso[2] en él fríamente[3], lejos[4] del encanto de su presencia[5],
Yet[1] when I think[2] of him in (cold blood[3]), (far away[4]) from the glamour of his presence[5],

estoy convencido, por su manera cínica[1] de hablar[2] y por la mirada[3] que he advertido[4] en sus ojos[5], de que no se puede confiar en él.
I am convinced from his cynical[1] speech[2] and the look[3] which I have caught[4] in his eyes[5] that he is one who should be deeply distrusted.

Eso[1] es lo que pienso[2], y así piensa también[3] mi pequeña[4] Mary, que posee una gran intuición[6] femenina[5] para la cuestión del carácter[7].
So[1] I think[2], and so, too[3], thinks my little[4] Mary, who has a woman's[5] quick insight[6] into character[7].

»Y ya sólo queda ella[1] por describir[2].
'And now there is only she[1] to be described[2].

Mary es mi sobrina[1]; pero cuando[2] falleció[4] mi hermano[3] hace cinco años[5], dejándola sola[6], yo la adopté[7]
She is my niece[1]; but when[2] my brother[3] died[4] five years[5] ago and left her alone[6] in the world I adopted[7] her,

y desde[1] entonces la he considerado como una hija[2].
and have looked upon her ever since[1] as my daughter[2].

Es el sol[2] de la casa[3] ..., dulce[4], cariñosa[5], guapísima[6], excelente[7] administradora[8] y ama de casa[9]),
She is a sunbeam[2] in my house[3] ..., sweet[4], loving[5], beautiful[6], a wonderful[7] manager[8] and housekeeper[9],

y al mismo tiempo tan tierna[1], discreta y gentil[2] como puede ser una mujer[3].
yet as tender[1] and quiet and gentle[2] as a woman[3] could be.

Es mi mano[2] derecha[1].
She is my right[1] hand[2].

No sé[1] lo que haría[2] sin[3] ella[4].
I do not know[1] what I (could do[2]) without[3] her[4].

Sólo[1] en una cosa[2] se ha opuesto[3] a mis deseos[4].
In only[1] one matter[2] has she ever (gone against[3]) my wishes[4].

Mi hijo le ha pedido (dos veces[1]) que se case[2] con él, porque la ama[3] apasionadamente[4], pero ella le ha rechazado[5] las dos veces.
Twice[1] my boy has asked her to marry[2] him, for he loves[3] her devotedly[4], but each time she has refused[5] him.

Creo[1] que si alguien[2] puede volverlo al (buen camino[3)] es ella;

I think[1] that if anyone[2] could have drawn him into the (right path[3)] it would have been she,

y ese matrimonio[1] podría haber cambiado[2] por completo[3] la vida[4] de mi hijo.

and that his marriage[1] might have changed[2] his whole[3] life[4];

Pero[1], ¡ay! , ya es (demasiado tarde[2)]. ¡Demasiado tarde, sin remedio!

but[1] now, alas! it is (too late[2)] -- forever too late!

»Y ahora[1] que ya conoce[2] usted a la gente[3] que vive[4] bajo mi techo[5], señor Holmes, proseguiré[6] con mi doloroso[7] relato[8].

'Now[1], Mr. Holmes, you know[2] the people[3] who live[4] under my roof[5], and I shall continue[6] with my miserable[7] story[8].

»Aquella[3] noche[4], después de cenar[5], mientras tomábamos café[1] en la (sala de estar[2)], les conté[6] a Arthur y Mary lo sucedido

'When we were taking coffee[1] in the drawing-room[2] that[3] night[4] after dinner[5], I told[6] Arthur and Mary my experience,

y les hablé del precioso[1] tesoro[2] que teníamos en casa, omitiendo[3] únicamente[4] el nombre[5] de mi cliente[6].

and of the precious[1] treasure[2] which we had under our roof, suppressing[3] only[4] the name[5] of my client[6].

Estoy seguro[2] de que Lucy Parr, que nos había servido el café[1], había salido ya de la habitación[3];

Lucy Parr, who had brought in the coffee[1], had, I am sure[2], left the room[3];

pero[1] no puedo asegurar que la puerta[2] estuviera cerrada[3].

but[1] I cannot swear that the door[2] was closed[3].

Mary y Arthur se mostraron muy interesados[1] y quisieron[2] ver[3] la famosa[4] corona[5], pero a mí me pareció mejor[6] dejarla en paz.

Mary and Arthur were much interested[1] and wished[2] to see[3] the famous[4] coronet[5], but I thought it better[6] not to disturb it.

»-¿Dónde[1] la has guardado? -preguntó[2] Arthur.

'Where[1] have you put it?' asked[2] Arthur.

»-En mi escritorio[1].

'In my own bureau[1].'

»-Bueno[1], Dios quiera que no entren ladrones en casa[2] esta noche[3] -dijo.

'Well[1], I hope to goodness the house[2] won't be burgled during the night[3].' said he.

»-Está ⁽cerrado con llave[1]⁾ -indiqué.

30

'It is (locked up[1]),' I answered.

-Bah, ese[3] escritorio[4] se abre con cualquier llave[2] vieja[1].
'Oh, any old[1] key[2] will fit that[3] bureau[4].

Cuando[1] era pequeño, yo la abría[2] con la llave[3] del armario[5] del trastero[4].
When[1] I was a youngster I have opened[2] it myself with the key[3] of the box-room[4] cupboard[5].'

»Ésa era su manera[1] normal de hablar[2], así que no presté mucha atención a lo que decía[3].
'He often had a wild way[1] of talking[2], so that I thought little of what he said[3].

(Sin embargo[3]), aquella[4] noche[5] me siguió[1] a mi habitación[2] con una expresión muy[6] seria[7].
He followed[1] me to my room[2], however[3], that[4] night[5] with a very[6] grave[7] face.

»-Escucha, papá[1] -dijo con una mirada baja[2]-. ¿Puedes dejarme[3] doscientas[4] libras[5]?
'Look here, dad[1],' said he with his eyes cast down[2], 'can you (let me[3]) have 200[4] pounds[5]?'

»-¡No, (no puedo[1])! -respondí[2] irritado-.
'No, I cannot[1]!' I answered[2] sharply.

¡Ya he sido demasiado[1] generoso[2] contigo[3] en cuestiones[5] de dinero[4]!

'I have been (far too[1]) generous[2] (with you[3]) in money[4] matters[5].'

»-Has sido muy amable[1] -dijo él-, pero necesito ese dinero[2], o jamás[3] podré volver a asomar[4] la cara[5] por el club[6].

'You have been very kind[1],' said he, 'but I must have this money[2], or else I can never[3] show[4] my face[5] inside the club[6] again.'

»-¡Pues me parece estupendo! -exclamé[1] yo.

'And a very good thing, too!' I cried[1].

»-Sí, papá, pero[1] no querrás que quede[2] deshonrado[3] -dijo-.

'Yes, but[1] you would not have me leave[2] it a dishonoured[3] man,' said he.

No podría[1] soportar[2] la deshonra[3].

'I could[1] not bear[2] the disgrace[3].

Tengo que reunir[1] ese dinero[2] (como sea[3]), y si tú no me lo das, tendré que recurrir a otros[4] medios[5].

I must raise[1] the money[2] in (some way[3]), and if you will not let me have it, then I must try other[4] means[5].'

»Yo me sentía indignado[1], porque era la tercera[2] vez que me pedía dinero en un mes[3].

'I was very angry[1], for this was the third[2] demand during the month[3].

»-¡No recibirás de mí ni medio penique[1]! grité[2], y él me (hizo una reverencia[3)] y salió[4] de mi cuarto[5] sin decir una palabra[6] más.

'You shall not have a farthing[1] from me.' I cried[2], on which he bowed[3] and left[4] the room[5] without another word[6].

»Después de que se fuera, abrí[1] mi escritorio[2], comprobé que el tesoro[3] seguía a salvo[4] y lo volví a (cerrar con llave[5)].

'When he was gone I unlocked[1] my bureau[2], made sure that my treasure[3] was safe[4], and locked[5] it again.

Luego[1] hice una ronda[2] por la casa[3] para verificar que todo estaba seguro[4].

Then[1] I started to go round[2] the house[3] to see that all was secure[4]

Es una tarea[1] que suelo delegar en Mary, pero aquella[4] noche[5] me pareció mejor realizarla[2] yo mismo[3].

--a duty[1] which I usually leave to Mary but which I thought it well to perform[2] myself[3] that[4] night[5].

Al bajar[1] las escaleras[2] encontré a Mary junto a la ventana[3] del vestíbulo[4], que cerró[5] y aseguró[6] al acercarme[7] yo.

As I (came down[1)] the stairs[2] I saw Mary herself at the side window[3] of the hall[4], which she closed[5] and fastened[6] as I approached[7].

»-Dime[1], papá -dijo algo preocupada[2], o así me lo pareció-.

'(Tell me[1]), dad,' said she, looking, I thought, a little disturbed[2],

¿Le has dado[1] permiso a Lucy, la doncella[2], para salir[3] esta noche[4]?

'did you give[1] Lucy, the maid[2], leave to (go out[3]) to night[4]?'

»-(Desde luego[1]) que no.

'Certainly[1] not.'

»-Acaba de entrar por la puerta[2] de atrás[1].

'She came in just now by the back[1] door[2].

Estoy segura de que sólo[1] ha ido hasta la puerta[3] lateral[2] para ver a alguien[4],

I have no doubt that she has only[1] been to the side[2] gate[3] to see someone[4],

pero[1] no me parece nada prudente y habría que prohibírselo.

but[1] I think that it is hardly safe and should be stopped.'

»-Tendrás que hablar[1] con ella[2] por la mañana[3],

'You must speak[1] to her[2] in the morning[3],

O, si lo prefieres[1], le hablaré yo.
or I will if you prefer[1] it.

¿Estás segura[1] de que todo[2] está cerrado[3]?
Are you sure[1] that everything[2] is fastened[3]?'

»-Segurísima[1], papá.
'(Quite sure[1]), dad.'

»-Entonces[1], ⁽buenas noches[2]⁾ -le di un beso y volví a mi habitación[3], donde[4] no tardé en dormirme[5].
'Then[1]. good-night[2].' I kissed her and went up to my bedroom[3] again, where[4] I was soon asleep[5].

»Señor[4] Holmes, estoy esforzándome[1] por contarle[2] todo[3] lo que pueda tener alguna relación con el caso[5],
'I am endeavouring[1] to tell[2] you everything[3], Mr.[4] Holmes, which may have any bearing upon the case[5],

pero le ruego[1] que no vacile en preguntar[2] si hay algún detalle que no queda claro[3].
but I beg[1] that you will question[2] me upon any point which I do not make clear[3].'

-Al contrario[1], su exposición[2] está siendo extraordinariamente[3] lúcida[4].
'On the contrary[1], your statement[2] is singularly[3] lucid[4].'

35

-Llego[1] ahora[3] a una parte de mi historia[2] que quiero que lo sea especialmente[4].

'I come[1] to a part of my story[2] now[3] in which I should wish to be particularly[4] so.

Yo no tengo el sueño pesado[1] y, sin duda[3], la ansiedad[2] que sentía hizo que aquella noche fuera aún más ligero que (de costumbre[4]).

I am not a very heavy[1] sleeper, and the anxiety[2] in my mind tended, no doubt[3], to make me even less so than usual[4].

A eso de las dos[1] de la mañana[2], me despertó[3] un ruido[4] en la casa[5].

About two[1] in the morning[2], then, I was awakened[3] by some sound[4] in the house[5].

Cuando me desperté[1] del todo ya no se oía, pero me había dado la impresión[2] de una ventana[3] que se cerrara[5] (con cuidado[4]).

It had ceased ere I was wide awake[1], but it had left an impression[2] behind it as though a window[3] had gently[4] closed[5] somewhere.

Escuché[1] con toda mi alma.

I lay listening[1] with all my ears.

(De pronto[1]), con gran espanto[2] por mi parte, oí el sonido inconfundible[3] de unos pasos[4] sigilosos en la (habitación de al lado[5]).

Suddenly[1], to my horror[2], there was a distinct[3] sound of footsteps[4] moving softly in the (next room[5]).

Me deslicé[1] fuera[2] de la cama[3], temblando[4] de miedo[5], y miré[6] por la esquina[7] de la puerta[9] del gabinete[8].

I slipped[1] out[2] of bed[3], all palpitating[4] with fear[5], and peeped[6] round the corner[7] of my dressing-room[8] door[9].

»-¡Arthur! -grité[1], ¡Miserable ladrón[2]!
'Arthur!' I screamed[1], 'you villain! you thief[2]!

¿Cómo te atreves[1] a tocar[2] esa corona[3]?
How dare[1] you touch[2] that coronet[3]?'

»La luz de gas estaba a media[1] potencia, como yo la había dejado, y mi desdichado[2] hijo, vestido[3] sólo[4] con camisa[5] y pantalones[6],
'The gas was half[1] up, as I had left it, and my unhappy[2] boy, dressed[3] only[4] in his shirt[5] and trousers[6],

estaba (de pie[1]) junto[2] a la luz, con la corona[3] en las manos[4].
was standing[1] beside[2] the light, holding the coronet[3] in his hands[4].

Parecía[1] estar torciéndola[2] o aplastándola con todas sus fuerzas[3].
He appeared[1] to be wrenching at it, or bending[2] it with all his strength[3].

Al oír mi grito[1] la (dejó caer[2]) y se puso tan pálido[3] como un muerto[4].
At my cry[1] he dropped[2] it from his grasp and turned as pale[3] as death[4].

La recogí[1] y la examiné[2].
I snatched[1] it up and examined[2] it.

Le faltaba[5] uno de los extremos[2] de oro[1], con tres[3] de los berilos[4].

One of the gold[1] corners[2], with three[3] of the beryls[4] in it, was missing[5].

»-¡Canalla[1]! -grité[2], enloquecido de rabia[3]-.

'You blackguard[1]!' I shouted[2], beside myself with rage[3].

¡La has roto!

'You have destroyed it!

¡Me has deshonrado[1] (para siempre[2])!

You have dishonoured[1] me forever[2]!

¿Dónde[1] están las joyas[2] que has robado[3]?

Where[1] are the jewels[2] which you have stolen[3]?'

»-¡Robado[1]! -exclamó[2].

'Stolen[1]!' he cried[2].

»-¡Sí, ladrón[1]! -rugí[2] yo, sacudiéndolo[3] por los hombros[4].

'Yes, thief[1]!' I roared[2], shaking[3] him by the shoulder[4].

»-No falta[2] ninguna[1].

'There are none[1] missing[2].

No puede faltar ninguna[1].

There cannot be any[1] missing,' said he.

»-¡Faltan[2] tres[1]!
'There are three[1] missing[2].

¡Y tú sabes[1] qué ha sido de ellas!
And you know[1] where they are.

¿Tengo que llamarte[1] mentiroso[2], además de ladrón[3]?
Must I call[1] you a liar[2] as well as a thief[3]?

¿Acaso no te acabo de ver intentando[1] arrancar[2] otro[3] trozo[4]?
Did I not see you trying[1] to tear[2] off another[3] piece[4]?'

»-Ya he recibido suficientes[1] insultos -dijo él. No pienso aguantarlo[2] más[3].
'You have called me names enough[1],' said he, 'I will not stand[2] it (any longer[3]).

Puesto que prefieres[4] insultarme[5], no diré una[1a] palabra[2] más[1b] del asunto[3].
I shall not say another[1] word[2] about this business[3], since you have chosen[4] (to insult me[5]).

Me iré de tu casa[1] por la mañana[2] y me abriré camino[4] por mis propios[3] medios.
I will leave your house[1] in the morning[2] and make my own[3] way[4] in the world.'

»-¡Saldrás[1] de casa en manos[2] de la policía[3]!
'You shall leave[1] it in the hands[2] of the police[3]!'

-grité yo, (medio loco[1]) de dolor[2] y de ira[3]-.
I cried half-mad[1] with grief[2] and rage[3].

¡Haré que el asunto[1] se investigue[2] a fondo[3]!

'I shall have this matter[1] probed[2] to the bottom[3].'

»-Pues por mi parte no averiguarás[1] nada[2] -dijo él, con una pasión[3] de la que no le habría creído[4] capaz-.

'You shall learn[1] nothing[2] from me,' said he with a passion[3] such as I should not have thought[4] was in his nature.

Si decides[1] llamar[2] a la policía[3], que averigüen[4] ellos lo que puedan.

'If you choose[1] to call[2] the police[3], let the police find[4] what they can.'

»(Para entonces[1)], toda[2] la casa[3] estaba alborotada[4], porque yo, llevado por la cólera[7], había alzado[5] mucho la voz[6].

"(By this time[1)] the whole[2] house[3] was astir[4], for I had raised[5] my voice[6] in my anger[7].

Mary fue la primera[1] en entrar corriendo en la habitación[2] y, al ver[3] la corona[4] y la cara[5] de Arthur,

Mary was the first[1] to rush into my room[2], and, at the sight[3] of the coronet[4] and of Arthur's face[5],

comprendió[1] todo lo sucedido y, dando un grito[2], cayó (sin sentido[3]) al suelo[4].

she read[1] the whole story and, with a scream[2], fell down senseless[3] on the ground[4].

Hice que la doncella[1] avisara a la policía[2] y puse[3] inmediatamente[6] la investigación[4] en sus manos[5].

I sent the house-maid[1] for the police[2] and put[3] the investigation[4] into their hands[5] (at once[6]).

Cuando[1] el inspector[2] y un agente[3] de uniforme entraron en la casa[4], Arthur, que había permanecido[5] todo el tiempo taciturno[6] y con los brazos[7] cruzados[8],

When[1] the inspector[2] and a constable[3] entered the house[4], Arthur, who had stood[5] sullenly[6] with his arms[7] folded[8],

me preguntó[1] si[2] tenía la intención[3] de acusarle[4] de robo[5].

asked[1] me whether[2] it was my intention[3] to charge[4] him with theft[5].

Le respondí[1] que había dejado de ser un asunto[3] privado[2] para convertirse[4] en público[5],

I answered[1] that it had ceased to be a private[2] matter[3], but had become[4] a public[5] one,

(puesto que[1]) la corona[3] destrozada[2] era propiedad[4] de la nación.

since[1] the ruined[2] coronet[3] was national property[4].

Yo estaba decidido[1] a que la ley[2] se cumpliera hasta el final.

I was determined[1] that the law[2] should have its way in everything.

»-(Al menos[1]) -dijo-, no me hagas detener[2] (ahora mismo[3]).

'(At least[1]),' said he, 'you will not have me arrested[2] (at once[3]).

Te conviene tanto como a mí dejarme salir[1] de casa[2] cinco[3] minutos[4].

It would be to your advantage as well as mine if I might leave[1] the house[2] for five[3] minutes[4].'

»-Sí, para que puedas[1] escaparte[2], o (tal vez[3]) para poder esconder[4] lo que has robado[5] -respondí yo.

'That you may[1] (get away[2]), or perhaps[3] that you may conceal[4] what you have stolen[5],' said I.

»Y a continuación, dándome cuenta de la terrible[1] situación[2] en la que se encontraba,

And then, realising the dreadful[1] position[2] in which I was placed,

le imploré[1] que recordara[2] que no sólo[3] estaba en juego mi honor[4], sino también el de alguien mucho más importante que yo;

I implored[1] him to remember[2] that not only[3] my honour[4] but that of one who was far greater than I was at stake;

y que su conducta podía provocar un escándalo[1] capaz de conmocionar[2] a la nación[3] entera.

and that he threatened to raise a scandal[1] which would convulse[2] the nation[3].

Podía[1] evitar[2] todo aquello con sólo decirme[3] qué había hecho[4] con las tres piedras[6] que faltaban[5].

He might[1] avert[2] it all if he would but (tell me[3]) what he had done[4] with the three missing[5] stones[6].

»-Más vale que afrontes[1] la situación[2] -le dije.

'You may as well face[1] the matter[2],' said I;

Te han cogido[1] con las manos en la masa, y confesar[2] no agravará tu culpa[3].

'you have been caught[1] in the act, and no confession[2] could make your guilt[3] more heinous.

Si procuras repararla[1] en la medida de lo posible, diciéndonos[2] dónde están los berilos[3], todo quedará perdonado[4] y olvidado[5].

If you but make such reparation[1] as is in your power, by (telling us[2]) where the beryls[3] are, all shall be forgiven[4] and forgotten[5].'

»-Guárdate[1] tu perdón[2] para el que te lo pida[3] - respondió[4], apartándose[5] de mí con un gesto de desprecio[6].

'Keep[1] your forgiveness[2] for those who ask[3] for it,' he answered[4], (turning away[5]) from me with a sneer[6].

»Me di cuenta de que estaba demasiado[1] maleado como para que mis palabras[2] le influyeran[3].

I saw that he was too[1] hardened for any words[2] of mine to influence[3] him.

Sólo podía hacer una cosa.

There was but one way for it.

Llamé[1] al inspector[2] y lo puse en sus manos.
I called[1] in the inspector[2] and gave him into custody.

Se llevó a cabo un registro[1] inmediato[2], no sólo[3] de su persona[4], sino[5] también de su habitación[6]
A search[1] was made (at once[2]) not only[3] of his person[4] but[5] of his room[6]

y de todo rincón de la casa[1] donde pudiera haber escondido[2] las gemas[3].
and of every portion of the house[1] where he could possibly have concealed[2] the gems[3];

Pero[1] no se encontró[3] ni rastro[2] de ellas,
but[1] no trace[2] of them could be found[3],

y el miserable[1] de mi hijo se negó a abrir[2] la boca[3], a pesar de todas nuestras súplicas y amenazas[4].
nor would the wretched[1] boy open[2] his mouth[3] for all our persuasions and our threats[4].

Esta mañana[1] lo han encerrado en una celda[2], y yo, tras pasar por todas las formalidades[3] de la policía,
This morning[1] he was removed to a cell[2], and I, after going through all the police formalities[3],

he venido corriendo a verle a usted, para rogarle[1] que aplique su talento[2] a la resolución del misterio.
have hurried round to you to implore[1] you to use your skill[2] in unravelling the matter.

La policía[1] ha confesado[2] sin reparos que (por ahora[3]) no sabe qué hacer.

The police[1] have openly confessed[2] that they can (at present[3)] make nothing of it.

Puede[1] usted incurrir en los gastos[2] que le parezcan[3] necesarios[4].
You may[1] go to any expense[2] which you think[3] necessary[4].

Ya he recibido una recompensa[1] de mil libras[2].
I have already offered a reward[1] of 1000 pounds[2].

¡Dios[1] mío! ¿Qué voy a hacer[2]?
My God[1], what shall I do[2]!

He perdido[1] mi honor[2], mis joyas[3] y mi hijo[4] en una sola noche[5].
I have lost[1] my honour[2], my gems[3], and my son[4] in one night[5].

¡Oh, qué[1] puedo hacer!
Oh, what[1] shall I do! '

Se llevó las manos a la cabeza[1] y empezó a oscilar (de delante a atrás[2)],
He put a hand on either side of his head[1] and rocked himself (to and fro[2)],

parloteando[1] consigo[2] mismo, como un niño[3] que no encuentra palabras[5] para expresar su dolor[4].
droning[1] to himself[2] like a child[3] whose grief[4] has got beyond words[5].

Sherlock Holmes permaneció callado[1] unos minutos[2], con el ceño[3] fruncido y los ojos[4] clavados[5] en el fuego[6] de la chimenea.

Sherlock Holmes sat silent[1] for some few minutes[2], with his brows knitted[3] and his eyes[4] fixed[5] upon the fire[6].

-¿Recibe[1] usted muchas visitas[2]? -preguntó[3] por fin.

'Do you receive[1] much company[2]?' he asked[3].

-Ninguna[1], exceptuando a mi socio[2] con su familia[3] y, (de vez en cuando[4]), algún amigo[5] de Arthur.

'None[1] save my partner[2] with his family[3] and an occasional[4] friend[5] of Arthur's.

Sir George Burnwell ha estado varias[1] veces[2] en casa últimamente[3].

Sir George Burnwell has been several[1] times[2] lately[3].

Y me parece que nadie[1] más.

(No one[1]) else, I think.'

-¿Sale usted mucho?

'Do you go out much in society?'

-Arthur sale.

'Arthur does.

Mary y yo nos quedamos[1] en casa[2].

Mary and I stay[1] at home[2].

A ninguno[1] de los dos nos gustan las reuniones sociales.
We neither[1] of us care for it.'

-Eso es (poco corriente[1)] en una joven[2].
'That is unusual[1] in a (young girl[2).'

-Es una chica muy tranquila[1].
'She is of a quiet[1] nature.

Además[1], ya no es tan joven[2].
Besides[1], she is not so very young[2].

Tiene ya veinticuatro[1] años.
She is four-and-twenty[1].'

-Por lo que usted ha dicho, este suceso la ha afectado mucho.
'This matter, from what you say, seems to have been a shock to her also.'

-¡De un modo terrible[1]! ¡Está más afectada[2] aun que yo!
'Terrible[1]! She is even more affected[2] than I.'

-¿Ninguno[1] de ustedes dos duda[2] de la culpabilidad[3] de su hijo?
'You have neither[1] of you any doubt[2] as to your son's guilt[3]?'

-¿Cómo[1] podríamos dudar, si yo mismo le vi[2] con mis propios[3] ojos[4] con la corona[5] en la mano?
'How[1] can we have when I saw[2] him with my own[3] eyes[4] with the coronet[5] in his hands.'

-Eso no puede considerarse[1] una prueba[3] concluyente[2].
'I hardly consider[1] that a conclusive[2] proof[3].

¿Estaba estropeado[3] también el resto[1] de la corona[2]?
Was the remainder[1] of the coronet[2] at all injured[3]?'

-Sí, estaba toda retorcida[1].
'Yes, it was twisted[1].'

-¿Y no cree[1] usted que es posible que estuviera intentando[2] enderezarla[3]?
'Do you not think[1], then, that he might have been trying[2] (to straighten it[3])?'

-¡Dios[1] le bendiga[2]!
'God[1] bless[2] you!

Está usted haciendo[1] todo lo que puede[2] por él y por mí.
You are doing[1] what you can[2] for him and for me.

Pero es una tarea[2] desmesurada[1].
But it is (too heavy[1]) a task[2].

Al fin y al cabo, ¿qué estaba haciendo[1] allí[2]?

What was he doing[1] there[2] at all?

Y si sus intenciones[1] eran honradas[2], ¿por qué no lo dijo[3]?

If his purpose[1] were innocent[2], why did he not say[3] so?'

-Exactamente[1]. Y si era culpable[2], ¿por qué no inventó[3] una mentira[4]?

'Precisely[1]. And if it were guilty[2], why did he not invent[3] a lie[4]?

Su silencio[1] me parece[2] un arma de dos filos.

His silence[1] appears[2] to me to cut both ways.

El caso[3] presenta varios[1] detalles[2] muy curiosos.

There are several[1] singular points[2] about the case[3].

¿Qué opinó[2] la policía[1] del ruido[3] que le despertó[4] a usted?

What did the police[1] think[2] of the noise[3] which awoke[4] you from your sleep?'

-Opinan[1] que pudo haberlo provocado[2] Arthur al cerrar[3] la puerta[5] de su alcoba[4].

'They considered[1] that it might be caused[2] by Arthur's closing[3] his bedroom[4] door[5].'

-¡Bonita explicación!

'A likely story!

Como si un hombre[1] que se propone cometer un robo[2] fuera dando portazos para despertar[3] a toda la casa[4].

As if a man[1] bent on felony[2] would slam his door so as to wake[3] a household[4].

¿Y qué[1] han dicho[2] de la desaparición[3] de las piedras?

What[1] did they say[2], then, of the disappearance[3] of these gems?'

-Todavía[1] están sondeando[2] las tablas[3] del suelo y agujereando[4] muebles[5] con la esperanza[6] de encontrarlas[7].

'They are still[1] sounding[2] the planking[3] and probing[4] the furniture[5] in the hope[6] of finding[7] them.'

-¿No se les ha ocurrido buscar[1] fuera[2] de la casa[3]?

'Have they thought of looking[1] outside[2] the house[3]?'

-Oh, sí, se han mostrado[1] extraordinariamente[2] diligentes.

'Yes, they have shown[1] extraordinary[2] energy.

Han examinado[2] el jardín[1] pulgada a pulgada.

The whole garden[1] has already been minutely examined[2].'

-Dígame, querido[1] señor -dijo[2] Holmes-,

'Now, my dear[1] sir,' said[2] Holmes,

¿no le empieza a parecer evidente[1] que este asunto[2] tiene mucha más miga

'is it not obvious[1] to you now that this matter[2] really strikes very much deeper

que la que usted o la policía[1] pensaron[2] en un principio?

than either you or the police[1] were at first inclined to think[2]?

A usted le parecía[1] un caso[3] muy sencillo[2]; a mí me parece[4] enormemente[5] complicado[6].

It appeared[1] to you to be a simple[2] case[3]; to me it seems[4] exceedingly[5] complex[6].

Considere[1] usted todo lo que implica[2] su teoría[3]:

Consider[1] what is involved[2] by your theory[3].

usted supone que su hijo[1] se levantó de la cama[2], se arriesgó[3] a ir a su gabinete[4],

You suppose that your son[1] came down from his bed[2], went, at great risk[3], to your dressing-room[4],

forzó el escritorio[1], sacó la corona[2], rompió[3] un trocito de la misma,

opened your bureau[1], took out your coronet[2], broke[3] off by main force a small portion of it,

⁽se fue[1]⁾ a algún otro[2] sitio[3] donde escondió[4] tres de las ⁽treinta y nueve[6]⁾ gemas[5],

⁽went off[1]⁾ to some other[2] place[3], concealed[4] three gems[5] out of the thirty-nine[6],

tan hábilmente que nadie[1] ha sido capaz de encontrarlas[2],

with such skill that nobody[1] can ⁽find them[2]⁾,

y luego[1] regresó[2] con las (treinta y seis[3]) restantes al gabinete, donde se exponía[4] con toda seguridad a ser descubierto[5].

and then[1] returned[2] with the other thirty-six[3] into the room in which he exposed[4] himself to the greatest danger of being discovered[5].

Ahora[2] yo le pregunto[1]: ¿se sostiene[4] en pie esa teoría[3]?

I ask[1] you now[2], is such a theory[3] tenable[4]?'

-Pero[1] ¿qué otra[2] puede haber?, -exclamó[3] el banquero[4] con un gesto[5] de desesperación[6]-.

'But[1] what other[2] is there?', cried[3] the banker[4] with a gesture[5] of despair[6].

Si sus motivos[1] eran honrados, ¿por qué no los explica[2]?

'If his motives[1] were innocent, why does he not explain[2] them?'

-En averiguarlo[2] consiste nuestra tarea[1] -replicó[3] Holmes-.

'It is our task[1] to find[2] that out,' replied[3] Holmes;

Así pues, señor[1] Holder, si le parece bien iremos a Streatham juntos[2]

'so now, if you please, Mr.[1] Holder, we will set off for Streatham together[2],

y dedicaremos[1] una hora[2] a examinar más de cerca[3] los detalles[4].

and devote[1] an hour[2] to glancing a little more closely[3] into details[4].'

Mi amigo[1] insistió[2] en que yo los acompañara[3] en la expedición[4], a lo cual accedí de buena gana,

My friend[1] insisted[2] upon my accompanying[3] them in their expedition[4], which I was eager enough to do,

pues la historia[3] que acababa de escuchar[4] había despertado mi curiosidad[1] y mi simpatía[2].

for my curiosity[1] and sympathy[2] were deeply stirred by the story[3] to which we had listened[4].

Confieso[1] que la culpabilidad[2] del hijo del banquero[3] me parecía[4] tan evidente[5] como se lo parecía a su infeliz[6] padre[7],

I confess[1] that the guilt[2] of the banker's[3] son appeared[4] to me to be as obvious[5] as it did to his unhappy[6] father[7],

pero[1] aun así, era tal la fe[2] que tenía en el buen criterio[3] de Holmes

but[1] still I had such faith[2] in Holmes's judgement[3]

que me parecía que, mientras[3] él no se mostrara satisfecho con la explicación[4] oficial, aún existía base[1] para[2a] concebir esperanzas[2b].

that I felt that there must be some grounds[1] (for hope[2]) (as long as[3]) he was dissatisfied with the accepted explanation[4].

Durante todo[3] el trayecto al suburbio[5] del sur[4], Holmes apenas[1] pronunció palabra[2],

He hardly[1] spoke a word[2] the whole[3] way out to the southern[4] suburb[5], y permaneció todo el tiempo con la barbilla[1] sobre el pecho[2], sumido en profundas[3] reflexiones[4].

but sat with his chin[1] upon his breast[2] and his hat drawn over his eyes, sunk in the deepest[3] thought[4].

Nuestro cliente[1] parecía[2] haber cobrado[3] nuevos ánimos con el leve destello[4] de esperanza[5] que se le había ofrecido[6],

Our client[1] appeared[2] to have taken[3] fresh heart at the little glimpse[4] of hope[5] which had been presented[6] to him,

e incluso se enfrascó en una inconexa[1] charla[2] conmigo acerca de sus asuntos[4] comerciales[3].

and he even broke into a desultory[1] chat[2] with me over his business[3] affairs[4].

Un rápido trayecto[2] en ferrocarril[1] y una corta[3] caminata[4] nos llevaron[5] a Fairbank, la modesta[6] residencia[7] del gran financiero[8].

A short railway[1] journey[2] and a shorter[3] walk[4] brought[5] us to Fairbank, the modest[6] residence[7] of the great financier[8].

Fairbank era una mansión cuadrada[2] de ⟨buen tamaño[1]⟩, construida en piedra[4] blanca[3] y un poco[6] retirada[5] de la carretera[7].

Fairbank was a good-sized[1] square[2] house of white[3] stone[4], ⟨standing back[5]⟩ a little[6] from the road[7].

Atravesando un césped[3] cubierto de nieve[2], un camino de dos pistas para carruajes[1] conducía a las dos grandes[4] puertas[6] de hierro[5] que cerraban[7] la entrada[8].

A double carriage[1]-sweep, with a snow[2] clad lawn[3], stretched down in front to two large[4] iron[5] gates[6] which closed[7] the entrance[8].

A la derecha[1] había un bosquecillo[2] del que salía un estrecho[3] sendero[4] con dos setos[5] bien cuidados a los lados,

On the right[1] side was a small wooden thicket[2], which led into a narrow[3] path[4] between two neat hedges[5]

que llevaba desde la carretera[1] hasta la puerta[3] de la cocina[2], y servía como entrada[4] de servicio.

stretching from the road[1] to the kitchen[2] door[3], and forming the tradesmen's entrance[4].

A la izquierda[1] salía un sendero[2] que conducía[3] a los establos[4],

On the left[1] ran a lane[2] which led[3] to the stables[4],

y que no formaba parte de la finca, sino que se trataba de un (camino público[1)], aunque[2] poco[3] transitado.

and was not itself within the grounds at all, being a public[1a], though[2] little[3] used, thoroughfare[1b].

Holmes nos abandonó ante la puerta[1] y empezó a caminar[2] muy despacio[3]: dio la vuelta a la casa[4],

Holmes left us standing at the door[1] and walked[2] slowly[3] all round the house[4],

volvió a la parte delantera[1], recorrió el sendero[3] de los proveedores[2] y dio la vuelta al jardín[4] por detrás[5], hasta llegar al sendero que llevaba a los establos[6].

across the front[1], down the tradesmen's[2] path[3], and so round by the garden[4] behind[5] into the stable[6] lane.

Tardó tanto tiempo que el señor[1] Holder y yo entramos al comedor[2] y esperamos[3] junto a la chimenea a que regresara[4].

So long was he that Mr.[1] Holder and I went into the dining-room[2] and waited[3] by the fire until he should return[4].

Allí[2] nos encontrábamos, sentados[1] en silencio[3], cuando[4] se abrió[6] una puerta[5] y entró[8] una joven[7].

We were sitting[1] there[2] in silence[3] when[4] the door[5] opened[6] and a (young lady[7]) came[8] in.

Era de estatura[4] bastante[1] superior[2] a la media[3], delgada[5], con el cabello[7] y los ojos[8] oscuros[6],

She was rather[1] above[2] the middle[3] height[4], slim[5], with dark[6] hair[7] and eyes[8],

que parecían[1] aún (más oscuros[2]) por el contraste con la absoluta[3] palidez[4] de su piel[5].

which seemed[1] the darker[2] against the absolute[3] pallor[4] of her skin[5].

No creo[1] haber visto[2] nunca una palidez[4] tan mortal[3] en el rostro[6] de una mujer[5].

I do not think[1] that I have ever seen[2] such deadly[3] paleness[4] in a woman's[5] face[6].

También[2] sus labios[1] parecían (desprovistos de sangre[3]), pero sus ojos[4] estaban enrojecidos[5] de tanto llorar[6].

Her lips[1], too[2], were bloodless[3], but her eyes[4] were flushed[5] with crying[6].

Al avanzar (en silencio[1]) por la habitación[2], daba una sensación de sufrimiento[4] que me impresionó[3] mucho más

As she swept silently[1] into the room[2] she impressed[3] me with a greater sense of grief[4]

que la descripción que (había hecho[2]) el banquero[1] por la mañana[3],

than the banker[1] (had done[2]) in the morning[3],

y que resultaba especialmente sorprendente[1] en ella, porque se veía claramente que era una mujer[2] de carácter[4] fuerte[3],

and it was the more striking[1] in her as she was evidently a woman[2] of strong[3] character[4],

con inmensa[1] capacidad[2] para dominarse.

with immense[1] capacity[2] for self-restraint.

(Sin hacer caso[1]) de mi presencia[2], se dirigió directamente[3] a su tío[4]

Disregarding[1] my presence[2], she went straight[3] to her uncle[4]

y le pasó la mano[1] por la cabeza[2], en una dulce[3] caricia[5] femenina[4].

and passed her hand[1] over his head[2] with a sweet[3] womanly[4] caress[5].

-Habrás dado[1] orden[2] de que dejen libre[3] a Arthur, ¿verdad, papá[4]? -preguntó[5].

'You have given[1] orders[2] that Arthur should be liberated[3], have you not, dad[4]?' she asked[5].

-No, hija mía, no. El asunto[1] debe investigarse[2] a fondo[3].
'No, no, my girl, the matter[1] must be probed[2] to the bottom[3].'

-Pero[1] estoy segura[2] de que es inocente[3].
'But[1] I am so sure[2] that he is innocent[3].

Ya sabes[1] cómo es la intuición[3] femenina[2].
You know[1] what woman's[2] instincts[3] are.

Sé[1] que no (ha hecho[2)] nada malo.
I know[1] that he (has done[2)] no harm and that you will be sorry for having acted so harshly.'

-¿Y (por qué[1)] calla[2], si es inocente[3]?
'Why[1] is he silent[2], then, if he is innocent[3]?'

-¿Quién[1] sabe[2]?
'Who[1] knows[2]?

(Tal vez[1)] porque[2] le indignó que sospecharas[3] de él.
Perhaps[1] because[2] he was so angry that you should suspect[3] him.'

-¿Cómo[1] no iba a sospechar[2], si yo mismo le vi[3] con la corona[4] en las manos?
'How[1] could I help suspecting[2] him, when I actually saw[3] him with the coronet[4] in his hand?'
-¡Pero[1] si sólo la había cogido[2] para mirarla[3]!

'Oh, but[1] he had only picked[2] it up to ⟨look at it[3]⟩.

¡Oh, papá, créeme, por favor, es inocente[1]!
Oh, do, do take my word for it that he is innocent[1].

Da por terminado el asunto[1] y no digas[2] más[3].
Let the matter[1] drop and say[2] no more[3].

¡Es tan terrible[1] pensar[2] que nuestro querido[3] Arthur está en la cárcel[4]!
It is so dreadful[1] to think[2] of our dear[3] Arthur in prison[4]!
'

-No daré por terminado el asunto hasta que aparezcan[1] las piedras. No lo haré Mary!
'I shall never let it drop until the gems are found[1]--never, Mary!

Tu cariño[1] por Arthur te ciega[2], y no te deja ver las terribles[3] consecuencias[4] que esto tendrá para mí.
Your affection[1] for Arthur blinds[2] you as to the awful[3] consequences[4] to me.

Lejos[1] de silenciar[2] el asunto, he traído[3] de Londres a un caballero[4] para que lo investigue[5] ⟨más a fondo[6]⟩.
Far[1] from hushing[2] the thing up, I have brought[3] a gentleman[4] down from London to inquire[5] ⟨more deeply[6]⟩ into it.'

-¿Este caballero[1]? -preguntó[2] ella, dándose la vuelta para mirarme.
'This gentleman[1]?' she asked[2], facing round to me.

-No, su amigo[1].
'No, his friend[1].

Ha querido[1] que le dejáramos[2] solo[3].
He wished[1] us to leave[2] him alone[3].

Ahora[3] anda por el sendero[2] del establo[1].
He is round in the stable[1] lane[2] now[3].'

-¿El sendero[2] del establo[1]?
'The stable[1] lane[2]?'

-la muchacha enarcó[1] las cejas[2]-.
She raised[1] her dark eyebrows[2].

¿Qué espera[1] encontrar[2] ahí[3]?
'What can he hope[1] to find[2] there[3]?

Ah, supongo[1] que es este señor.
Ah! this, I suppose[1], is he.

Confío[1], caballero[2], en que logre[3] usted demostrar[4] lo que tengo por seguro[5] que es la verdad[6]:
I trust[1], sir[2], that you will succeed[3] in proving[4], what I feel sure[5] is the truth[6],

que mi primo[1] Arthur es inocente[2] de este robo.
that my cousin[1] Arthur is innocent[2] of this crime.'

-Comparto[2] plenamente[1] su opinión[3], señorita, y, lo mismo que usted, yo también confío[4] en que lograremos demostrarlo[5]
'I fully[1] share[2] your opinion[3], and I trust[4], with you, that

we may prove[5] it,'

-respondió[1] Holmes, retrocediendo[2] hasta el felpudo[3] para quitarse la nieve[4] de los zapatos[5]-.

returned[1] Holmes, (going back[2]) to the mat[3] to knock the snow[4] from his shoes[5].

Creo[1] que tengo el honor[2] de dirigirme[3] a la señorita[4] Mary Holder.

'I believe[1] I have the honour[2] of addressing[3] Miss[4] Mary Holder.

¿Puedo[1] hacerle una o dos preguntas[2]?

Might[1] I ask you a question[2] or two?'

-(Por favor,[1]) hágalas[2], si con ello ayudamos a aclarar[3] este horrible[4] embrollo.

'Pray[1] do[2], sir, if it may help to clear[3] this horrible[4] affair up.'

-¿No oyó[1] usted nada[2] anoche[3]?

'You heard[1] nothing[2] yourself (last night[3])?'

-Nada[1], (hasta que[2]) mi tío[3] empezó[4] a hablar[5] a gritos.

'Nothing[1], until[2] my uncle[3] here began[4] to speak[5] loudly.

Al oír[1] eso[2], acudí corriendo.

I heard[1] that[2], and I came down.'

-Usted se encargó de cerrar[1] las puertas[3] y ventanas[2].
'You (shut up[1]) the windows[2] and doors[3] the night before.

¿Aseguró[1] todas[2] las ventanas[3]?
Did you fasten[1] all[2] the windows[3]?'

-Sí.
'Yes.'

-¿Seguían bien cerradas[1] esta mañana[2]?
'Were they all fastened[1] this morning[2]?'

-Sí.
'Yes.'

-¿Una de sus doncellas[1] tiene novio[2]?
'You have a maid[1] who has a sweetheart[2]?

Creo[1] que usted le comentó[2] a su tío[3] que anoche[4] (había salido[5]) para verse con él.
I think[1] that you remarked[2] to your uncle[3] (last night[4]) that she (had been out[5]) to see him?'

-Sí[1], y es la misma chica[2] que sirvió[3] en la (sala de estar[4]), y pudo oír[5] los comentarios[7] de mi tío[6] acerca de la corona[8].

*'Yes[1], and she was the girl[2] who waited[3] in the drawing-
room[4]. and who may have heard[5] uncle's[6] remarks[7]
about the coronet[8].'*

-Ya veo[1].
'I see[1].

Usted supone[1] que ella salió[2] para contárselo[3] a su
novio[4], y que entre los dos planearon[5] el robo[6].
*You infer[1] that she may have (gone out[2]) to tell[3] her
sweetheart[4], and that the two may have planned[5] the
robbery[6].'*

-¿Pero[1] de qué sirven todas esas vagas[2] teorías[3]? -
exclamó[4] el banquero[5] con impaciencia[6].
*'But[1] what is the good of all these vague[2] theories[3],'
cried[4] the banker[5] impatiently[6],*

¿No le he dicho[1] que vi[2] a Arthur con la corona[3] en las
manos[4]?
*'when I have told[1] you that I saw[2] Arthur with the
coronet[3] in his hands[4]?'*

-Aguarde[1] un momento, señor[2] Holder.
'Wait[1] a little, Mr.[2] Holder.

Ya llegaremos[1] a eso[2].
We must come[1] back to that[2].

Volvamos a esa muchacha[1], señorita[2] Holder.

About this girl[1], Miss[2] Holder.

Me imagino que la vio[1] usted volver[2] por la puerta[4] de la cocina[3].
You saw[1] her return[2] by the kitchen[3] door[4], I presume?'

-Sí[1]; cuando[2] fui[3] a ver[4] si la puerta[5] estaba cerrada[6], me tropecé con ella que entraba.
'Yes[1]; when[2] I went[3] to see[4] if the door[5] was fastened[6] for the night I met her slipping in.

También[3] vi[1] al hombre[2] en la oscuridad[4].
I saw[1] the man[2], too[3], in the gloom[4].'

-¿Le conoce[1] usted?
'Do you know[1] him?'

-Oh, sí; es el verdulero[1] que nos trae[2] las verduras[3].
'Oh, yes! he is the green-grocer[1] who brings[2] our vegetables[3] round.

Se llama Francis Prosper.
His name is Francis Prosper.'

-¿Estaba a la izquierda[1] de la puerta[2] ... es decir, en el sendero[4] y un poco alejado[3] de la puerta?
'He stood,' said Holmes, 'to the left[1] of the door[2]--that is to say, farther[3] up the path[4] than is necessary to reach the door?

-En efecto.

'Yes, he did.'

-¿Y tiene una ⁽pata de palo¹⁾?

'And he is a man with a ⁽wooden leg¹⁾?'

Algo¹ parecido² al miedo³ asomó en los negros⁶ y expresivos⁵ ojos⁷ de la muchacha⁴.

Something¹ like² fear³ sprang up in the ⁽young lady's⁴⁾ expressive⁵ black⁶ eyes⁷.

-Caramba, ni que fuera usted un mago¹ -dijo-.

'Why, you are like a magician¹,' said she.

¿Cómo¹ sabe² eso³?

'How¹ do you know² that³?

La muchacha sonreía¹, pero² en el rostro⁵ enjuto y preocupado⁴ de Holmes no apareció sonrisa³ alguna.

'She smiled¹, but² there was no answering smile³ in Holmes's thin, eager⁴ face⁵.

-Ahora¹ me gustaría mucho subir al piso de arriba² -dijo-.

'I should be very glad now¹ to go upstairs²,' said he.

Probablemente¹ tendré que volver a examinar la casa³ por fuera².

'I shall probably¹ wish to go over the outside² of the house³ again.

Quizá[1] sea mejor[2] que, antes[6] de subir, eche un vistazo[3] a las ventanas[5] de abajo[4].

Perhaps[1] I had better[2] take a look[3] at the lower[4] windows[5] before[6] I go up.'

Caminó[1] rápidamente[2] de una ventana a otra[3],

He walked[1] swiftly[2] round from one to the other[3],

deteniéndose[1] sólo[2] en la más grande[3], que se abría en el vestíbulo[4] y daba al sendero[6] de los establos[5].

pausing[1] only[2] at the large[3] one which looked from the hall[4] onto the stable[5] lane[6].

La abrió[1] y examinó[3] atentamente[2] el alféizar[4] con su potente[5] lupa[6].

This he opened[1] and made a very careful[2] examination[3] of the sill[4] with his powerful[5] (magnifying lens[6]).

-Ahora[1] vamos arriba[2] -dijo por fin[3].

'Now[1] we shall go upstairs[2],' said he at last[3].

El gabinete[2] del banquero[1] era un cuartito[5] amueblado[4] con sencillez[3], con una alfombra[7] gris[6], un gran[8] escritorio[9] y un espejo[10] alargado.

The banker[1]'s dressing-room[2] was a plainly[3] furnished[4] little chamber[5], with a grey[6] carpet[7], a large[8] bureau[9], and a long mirror[10].

Holmes se dirigió en primer lugar al escritorio[1] y examinó[2] la cerradura[3].

Holmes went to the bureau[1] first and looked[2] hard at the lock[3].

-¿Qué[1] llave[2] se utilizó[3] para abrirlo[4]? -preguntó[5].
'Which[1] key[2] was used[3] to 'open it[4]?' he asked[5].

-La misma que dijo[2] mi hijo[1]: la del armario[3] del trastero[4].
'That which my son[1] himself indicated[2]--that of the cupboard[3] of the lumber-room[4].'

-¿La tiene[1] usted aquí[2]?
'Have[1] you it here[2]?'

-Es esa[1] que hay encima de la mesita[2].
'That[1] is it on the dressing table[2].'

Sherlock Holmes cogió[1] la llave y abrió[2] el escritorio[3].
Sherlock Holmes took[1] it up and opened[2] the bureau[3].

-Es un cierre[2] silencioso[1] -dijo[3]-.
'It is a noiseless[1] lock[2],' said[3] he.

No me extraña[1] que no le despertara[2].
'It is no wonder[1] that it did not wake[2] you.

Supongo[2] que éste es el estuche[1] de la corona[3].
This case[1], I presume[2], contains the coronet[3].

Tendremos que echarle un vistazo[1].
We must have a look[1] at it.'

Abrió[1] la caja[2], sacó la diadema[3] y la colocó[4] sobre la mesa[5].
He opened[1] the case[2], and taking out the diadem[3] he laid[4] it upon the table[5].

Era un magnífico[1] ejemplar[2] del arte de la joyería[3], y sus (treinta y seis[4]) piedras[5] eran las más hermosas[6] que yo había visto[7].
It was a magnificent[1] specimen[2] of the jeweller's[3] art, and the thirty-six[4] stones[5] were the finest[6] that I have ever seen[7].

Uno de sus lados[1] tenía el borde[3] torcido y roto[2], y le faltaba una esquina[4] con tres piedras.
At one side[1] of the coronet was a cracked[2] edge[3], where a corner[4] holding three gems had been torn away.

-Ahora[1], señor Holder -dijo Holmes-, aquí[2] tiene la esquina[3] simétrica a la que se ha perdido[5] tan lamentablemente[4].
'Now[1], Mr. Holder,' said Holmes, 'here[2] is the corner[3] which corresponds to that which has been so unfortunately[4] lost[5].

Haga usted el favor de arrancarla[1].

Might I beg that you will break[1] it off.'

El banquero[1] retrocedió[2] horrorizado.
The banker[1] recoiled[2] in horror.

-Ni en sueños[1] me atrevería a intentarlo[2] -dijo.
'I should not dream[1] of trying[2],' said he.

-Entonces[1], lo haré yo -con un gesto repentino[2], Holmes tiró de la esquina con todas sus fuerzas[3], pero sin[4] resultado[5]-.
'Then[1] I will.' Holmes suddenly[2] bent his strength[3] upon it, but without[4] result[5].

Creo que la siento[1] ceder un poco[2] -dijo-, pero, aunque[3] tengo una fuerza[5] extraordinaria[4] en los dedos[6],
'I feel[1] it give a little[2],' said he; 'but, though[3] I am exceptionally[4] strong[5] in the fingers[6],

tardaría muchísimo tiempo[1] en romperla[2].
it would take me all my time[1] to (break it[2]).

Un hombre[2] de fuerza normal[1] sería incapaz de hacerlo.
An ordinary[1] man[2] could not do it.

¿Y qué cree[1] usted que sucedería[2] si la rompiera[3], señor[4] Holder?
Now, what do you think[1] would happen[2] if I did break[3] it, Mr.[4] Holder?

Sonaría como un pistoletazo[1].
There would be a noise like a (pistol shot[1]).

¿Quiere usted hacerme creer que todo esto sucedió[1] a pocos[2] metros de su cama[3], y que usted no oyó[4] nada[5]?

Do you tell me that all this happened[1] within a few[2] yards of your bed[3] and that you heard[4] nothing[5] of it?'

-No sé[1] qué pensar[2].

'I do not know[1] what to think[2].

Me siento a oscuras[1].

It is all dark[1] to me.'

-Puede que se vaya iluminando[1] a medida que avanzamos.

'But perhaps it may grow lighter[1] as we go.

¿Qué piensa[1] usted, señorita[2] Holder?

What do you think[1], Miss[2] Holder?'

-Confieso[1] que sigo compartiendo[2] la perplejidad[4] de mi tío[3].

'I confess[1] that I still share[2] my uncle's[3] perplexity[4].'

-Cuando[4] vio[5] usted a su hijo[1], ¿llevaba éste puestos zapatos[2] o zapatillas[3]?

'Your son[1] had no shoes[2] or slippers[3] on when[4] you saw[5] him?'

-No llevaba más que los pantalones[1] y la camisa[2].

'He had nothing on save only his trousers[1] and shirt[2].'

-Gracias[1]. No cabe duda de que hemos tenido una suerte[3] extraordinaria[2] en esta investigación[4],

"Thank you[1]). We have certainly been favoured with extraordinary[2] luck[3] during this inquiry[4],

y si no logramos[2] aclarar[3] el asunto[4] será exclusivamente por culpa[1] nuestra.

and it will be entirely our own fault[1] if we do not succeed[2] in clearing[3] the matter[4] up.

Con su permiso[1], señor Holder, ahora[2] continuaré[3] mis investigaciones[4] en el exterior[5].

With your pemmission[1], Mr. Holder, I shall now[2] continue[3] my investigations[4] outside[5].'

Insistió en salir solo[1], explicando[2] que toda pisada[4] innecesaria[3] haría más[6] difícil[7] su tarea[5].

He went alone[1], at his own request, for he explained[2] that any unnecessary[3] footmarks[4] might make his task[5] more[6] difficult[7].

Estuvo ocupado durante más[2] de una hora[1],

For an hour[1] or more[2] he was at work,

y cuando por fin regresó[1] traía los pies[2] cargados de nieve[3] y la expresión[4] tan inescrutable[5] como siempre[6].

returning[1] at last with his feet[2] heavy with snow[3] and his features[4] as inscrutable[5] as ever[6].

-Creo[1] que ya he visto[2] todo[3] lo que había que ver, señor[4] Holder -dijo-.
'I think[1] that I have seen[2] now all[3] that there is to see, Mr.[4] Holder,' said he;

Le resultaré más útil si regreso[1] a mis habitaciones[2].
'I can serve you best by returning[1] to my rooms[2].'

-Pero[1] las piedras, señor[2] Holmes, ¿dónde[3] están?
'But[1] the gems, Mr.[2] Holmes. Where[3] are they?'

-No puedo decírselo[1].
'I cannot tell[1].'

El banquero[1] se retorció[2] las manos[3].
The banker[1] wrung[2] his hands[3].

-¡No las volveré a ver![1] -gimió-.
'I shall never see[1] them again!' he cried.

¿Y mi hijo[1]?
'And my son[1]?

¿Me da[1] usted esperanzas[2]?
You give[1] me hopes[2]?'

-Mi opinión[1] no se ha alterado[2] en nada.
'My opinion[1] is in no way altered[2].'

-Entonces[1], por amor de Dios[2], ¿qué siniestro manejo ha tenido lugar en mi casa[3] (esta noche[4])?

'Then[1], for God's[2] sake, what was this dark business which was acted in my house[3] (last night[4])?'

-Si se pasa usted por mi domicilio de Baker Street mañana[1] (por la mañana[2]), entre[3] las nueve[4] y las diez[5],

'If you can call upon me at my Baker Street rooms tomorrow[1] morning[2] between[3] nine[4] and ten[5]

tendré mucho gusto en hacer lo posible por aclararlo[1].

I shall be happy to do what I can to (make it clearer[1]).

Doy por supuesto que me concede usted (carta blanca[1]) para actuar[2] en su nombre,

I understand that you give me (carte blanche[1]) (to act[2]) for you,

con tal de que recupere[1] las gemas[2], sin poner limites a los gastos[3] que yo le haga pagar.

provided only that I (get back[1]) the gems[2], and that you place no limit on the sum[3] I may draw.'

-Daría[1] toda mi fortuna[2] por recuperarlas.

'I (would give[1]) my fortune[2] to have them back.'

-Muy[1] bien[2]. Seguiré estudiando el asunto[3] mientras[4] tanto.

'Very[1] good[2]. I shall look into the matter[3] between[4] this and then.

Adiós[1]. Es posible[2] que tenga que volver aquí[3] antes[4] de que anochezca[5].

Good-bye[1]; it is just possible[2] that I may have to come over here[3] again before[4] evening[5].'

Para mí, era evidente[1] que mi compañero[2] se había formado ya una opinión[3] sobre el caso[4],

It was obvious[1] to me that my companion's[2] mind[3] was now made up about the case[4],

aunque[1] ni remotamente conseguía imaginar[3] a qué conclusiones[2] habría llegado.

although[1] what his conclusions[2] were was more than I could even dimly imagine[3].

Durante nuestro viaje[4] (de regreso a casa[3]), intenté varias[1] veces[2] sondearle[5] al respecto[6],

Several[1] times[2] during our homeward[3] journey[4] I endeavoured to sound[5] him upon the point[6],

pero él siempre[1] desvió la conversación hacia otros[2] temas[3], hasta[4] que por fin me di por vencido.

but he always[1] glided away to some other[2] topic[3], until[4] at last I gave it over in despair.

Todavía[1] no eran las tres[2] cuando[3] llegamos de vuelta a nuestras habitaciones[4].

It was not yet[1] three[2] when[3] we found ourselves in our rooms[4] once more.

Holmes se metió corriendo[1] en la suya y salió a los pocos[2] minutos, vestido[3] como un vulgar[4] holgazán[5].

He hurried[1] to his chamber and was down again in a few[2] minutes dressed[3] as a common[4] loafer[5].

Con una chaqueta[4] astrosa y llena de brillos[3], el cuello[1] levantado[2], corbata[5] roja y botas[7] muy gastadas[6],
With his collar[1] (turned up[2]), his shiny[3], seedy coat[4], his red cravat[5], and his worn[6] boots[7],

era un ejemplar[2] perfecto[1] de la especie.
he was a perfect[1] sample[2] of the class.

-Creo[1] que esto servirá -dijo mirándose[2] en el espejo[3] que había sobre[4] la chimenea[5]-.
'I think[1] that this should do,' said he, glancing[2] into the glass[3] above[4] the fireplace[5].

Me gustaría[1] que viniera[2] usted conmigo[3], Watson, pero me temo[4] que no puede ser.
'I only wish[1] that you (could come[2]) (with me[3]), Watson, but I fear[4] that it won't do.

Puede que esté sobre la buena pista[1], y puede que esté siguiendo[2] un fuego fatuo, pero pronto[3] saldremos de dudas.
I may be on the trail[1] in this matter, or I may be following[2] a will-o'-the-wisp, but I shall soon[3] know which it is.

Espero[1] volver[2] en pocas[3] horas[4].
I hope[1] that I may (be back[2]) in a few[3] hours[4].

Cortó[1] una rodaja[2] de carne[3] de una pieza[4] que había sobre el aparador[5], la metió entre[6] dos rebanadas de pan[7]

'He cut[1] a slice[2] of beef[3] from the joint[4] upon the sideboard[5], sandwiched it between[6] two rounds of bread[7],

y, guardándose la improvisada comida[1] en el bolsillo[2], emprendió[3] su expedición[4].
and thrusting this rude meal[1] into his pocket[2] he (started off[3]) upon his expedition[4].

Yo estaba terminando[1] de tomar el té[2] cuando[3] regresó[4];
I had just finished[1] my tea[2] when[3] he returned[4],

se notaba que venía de un humor excelente[1], y traía en la mano[5] una vieja[2] bota[4] de elástico[3].
evidently in excellent[1] spirits, swinging an old[2] elastic-sided[3] boot[4] in his hand[5].

La tiró[1] a un rincón[2] y se sirvió[3] una taza[4] de té.
He chucked[1] it down into a corner[2] and helped[3] himself to a cup[4] of tea.

-Sólo[1] vengo de pasada[2] -dijo[3]-.
'I only[1] looked in as I passed[2],' said[3] he.

Tengo que marcharme[1] en seguida.
'I am going[1] right on.'

-¿Adónde?
'Where to?'

-Oh, al otro[1] lado[2] del West End.
'Oh, to the other[1] side[2] of the West End.

Puede[1] que tarde algo en volver[2].
It may[1] be some time before I (get back[2]).

No me espere[1] si se hace muy tarde[2].
Don't wait[1] up for me in case I should be late[2].'

-¿Qué tal le ha ido hasta ahora?
'How are you getting on?'

-Así, así. No tengo motivos de queja[1].
'Oh, so so. Nothing to complain[1] of.

He vuelto a estar en Streatham, pero[1] no llamé[2] a la casa[3].
I have been out to Streatham since I saw you last, but[1] I did not call[2] at the house[3].

Es un problema[1] precioso, y no me lo habría perdido[2] por nada del mundo.
It is a very sweet little problem[1], and I would not have missed[2] it for a good deal.

Pero no puedo quedarme aquí[2] chismorreando[1]; tengo que quitarme estas deplorables[3] ropas[4] y recuperar[5] mi respetable[6] personalidad.
However, I must not sit gossiping[1] here[2], but must get these disreputable[3] clothes[4] off and return[5] to my highly respectable[6] self.'

Por su manera[1] de comportarse, se notaba que tenía más motivos de satisfacción[2] que lo que daban a entender sus meras palabras[3].

I could see by his manner[1] that he had stronger reasons for satisfaction[2] than his words[3] alone would imply.

Le brillaban[2] los ojos[1] e incluso tenía un toque[3] de color[4] en sus pálidas[5] mejillas[6].

His eyes[1] twinkled[2], and there was even a touch[3] of colour[4] upon his sallow[5] cheeks[6].

Subió corriendo[1] al piso de arriba[2], y a los pocos[3] minutos[4] oí un portazo[5] en el vestíbulo[6]

He hastened[1] upstairs[2], and a few[3] minutes[4] later I heard the slam[5] of the hall[6] door,

que me indicó que había reemprendido su apasionante cacería[1].

which told me that he was off once more upon his congenial hunt[1].

Esperé[1] hasta la medianoche[2], pero[3] como no daba señales[4] de regresar[5] me retiré[6] a mi habitación[7].

I waited[1] until midnight[2], but[3] there was no sign[4] of his return[5], so I retired[6] to my room[7].

No era nada raro[1] que, cuando[3] seguía una pista[4], estuviera ausente durante días[2] enteros,

It was no uncommon[1] thing for him to be away for days[2] and nights on end when[3] he was hot upon a scent[4],

así[1] que su tardanza[2] no me extrañó.

so[1] that his lateness[2] caused me no surprise.

No sé[1] a qué hora[2] llegó[3],
I do not know[1] at what hour[2] he (came in[3]),

pero cuando bajé a desayunar[1], allí[2] estaba Holmes con una taza[3] de café[4] en una mano[5] y el periódico[6] en la otra[7],
but when I came down to breakfast[1] in the morning there[2] he was with a cup[3] of coffee[4] in one hand[5] and the paper[6] in the other[7],

tan flamante y acicalado[1] como el que más.
as fresh[1] and trim as possible.

-Perdone[1] que haya empezado[2] a desayunar sin[3] usted, Watson -dijo-,
'You will excuse[1] my beginning[2] without[3] you, Watson,' said he,

pero ya recordará[1] que estamos citados[4] con nuestro[2] cliente[3] a primera hora.
'but you remember[1] that our[2] client[3] has rather an early appointment[4] this morning.'

-Pues son ya más de las nueve[1] -respondí[2]-.
'Why, it is after nine[1] now,' I answered[2].

No me extrañaría[1] que el que llega fuera él.
'I should not be surprised[1] if that were he.

Me ha parecido oír[1] la campanilla[2].
I thought I heard[1] a ring[2].'

Era, (en efecto[1]), nuestro[2] amigo[3] el financiero[4].

It was, indeed[1], our[2] friend[3] the financier[4].

Me impresionó[1] el cambio[2] que había experimentado,
I was shocked[1] by the change[2] which had come over him,

pues su rostro[1], normalmente amplio[2] y macizo[3], se veía ahora deshinchado[4] y fláccido[5],
for his face[1] which was naturally of a broad[2] and massive[3] mould, was now pinched[4] and fallen[5] in,

y sus cabellos[1] parecían[2] un poco más blancos[3].
while his hair[1] seemed[2] to me at least a shade whiter[3].

Entró[1] con un aire fatigado[2] y letárgico[3], que resultaba aún[4] más penoso[5] que la violenta[6] entrada del día anterior[7],
He entered[1] with a weariness[2] and lethargy[3] which was even[4] more painful[5] than his violence[6] of the morning before[7],

y se (dejó caer[1]) pesadamente[2] en la butaca[3] que acerqué para él.
and he dropped[1] heavily[2] into the armchair[3] which I pushed forward for him.

-No sé[1] qué habré hecho[2] para merecer este castigo - dijo[3]-.
'I do not know[1] what I have done[2] to be so severely tried,' said[3] he.

Hace tan sólo[1] dos días[2], yo era un hombre feliz[3] y próspero[4], sin[5] una sola preocupación[6] en el mundo[7].
'Only[1] two days[2] ago I was a happy[3] and prosperous[4] man, without[5] a care[6] in the world[7].

Ahora[1] me espera una vejez[4] solitaria[2] y deshonrosa[3].
Now[1] I am left to a lonely[2] and dishonoured[3] age[4].

Las desgracias[1] vienen[2] una tras otra[3].
One sorrow[1] comes[2] close upon the heels of another[3].

Mi sobrina[1] Mary me ha abandonado[2].
My niece[1], Mary, has deserted[2] me.'

-¿Que le ha abandonado[1]?
'Deserted[1] you?'

-Sí. Esta mañana[2] vimos que no había dormido[3] en su cama[1];
'Yes. Her bed[1] this morning[2] had not been slept[3] in,

su habitación[1] estaba vacía[2], y en la mesita[5] del vestíbulo[4] había una nota[3] para mí.
her room[1] was empty[2], and a note[3] for me lay upon the hall[4] table[5].

Anoche[1], movido por la pena[2] y no en tono de enfado[3], le dije que si se hubiera casado[4] con mi hijo, éste no se habría descarriado.
I had said to her (last night[1]), in sorrow[2] and not in anger[3], that if she had married[4] my boy all might have been well with him.

Posiblemente[1] fue una insensatez[2] decir[3] tal cosa.
Perhaps[1] it was thoughtless[2] of me (to say[3]) so.

En la nota[2] que me dejó hace alusión a este comentario[1] mío:

It is to that remark[1] that she refers in this note[2]:

«Queridísimo[1] tío[2]: Me doy cuenta de que yo he sido la causa de que sufras este disgusto

'My Dearest[1] Uncle[2]:--I feel that I have brought trouble upon you,

y de que, si hubiera obrado[1] de diferente[2] manera, esta terrible[3] desgracia[4] podría[5] no haber ocurrido[6].

and that if I had acted[1] differently[2] this terrible[3] misfortune[4] might[5] never have occurred[6].

Con este pensamiento[1] en la cabeza, ya no podré ser feliz[2] viviendo bajo[3] tu techo[4], y considero que debo[5] dejarte[6] para siempre[7].

I cannot, with this thought[1] in my mind, ever again be happy[2] under[3] your roof[4], and I feel that I must[5] leave[6] you forever[7].

No te preocupes[1] por mi futuro[2], que eso ya está arreglado[3].

Do not worry[1] about my future[2], for that is provided[3] for;

Y, (sobre todo[1]), no me busques[2], pues sería tarea inútil y no me favorecería en nada.

and, (above all[1]), do not search[2] for me, for it will be fruitless labour and an ill-service to me.

En la vida[1] o en la muerte[2], te quiere[4] siempre[3]. MARY».

In life[1] or in death[2], I am ever[3] your loving[4] MARY.'

«¿Qué[1] quiere decir esta nota[2], señor Holmes?

'What[1] could she mean by that note[2], Mr. Holmes?

¿Cree[1] usted que se propone suicidarse[2]?

Do you think[1] it points to suicide[2]?'

-No, no, nada[1] de eso.

'No, no, nothing[1] of the kind.

Quizá[1] sea ésta la mejor[2] solución[3].

It is perhaps[1] the best[2] possible solution[3].

Me parece, señor[1] Holder, que sus dificultades[2] están a punto de terminar.

I trust, Mr.[1] Holder, that you are nearing the end of your troubles[2].'

-¿Cómo puede decir[1] eso[2]?

'Ha! You say[1] so[2]!

¡Señor[2] Holmes! ¡Usted ha averiguado algo[1], usted sabe algo!

You have heard something[1], Mr.[2] Holmes; you have learned something!

¿Dónde[1] están[2] las piedras?

Where[1] are[2] the gems?'

-¿Le parecería excesivo[2] pagar mil libras[1] por cada una?

'You would not think 1000 pounds[1] apiece an excessive[2] sum for them?'

-Pagaría[1] diez[2] mil.

'I (would pay[1]) ten[2].'

-No será necesario.
'That would be unnecessary.

Con tres[1] mil[2] bastará.
Three[1] thousand[2] will cover the matter.

Y supongo[3] que habrá que añadir una pequeña[1] recompensa[2].
And there is a little[1] reward[2], I fancy[3].

¿Ha traído usted su talonario[1]?
Have you your check-book[1]?

Aquí[1] tiene una pluma[2].
Here[1] is a pen[2].

Lo mejor[1] será que extienda un cheque por (cuatro mil[2]) libras[3].
Better[1] make it out for 4000[2] pounds[3].'

Con expresión atónita[1], el banquero[2] extendió[3] el cheque[5] solicitado[4].
With a dazed[1] face the banker[2] (made out[3]) the required[4] check[5].

Holmes se acercó a su escritorio[1], sacó[2] un trozo[4] triangular[3] de oro[5] con tres piedras preciosas, y lo arrojó[6] sobre la mesa[7].
Holmes walked over to his desk[1], (took out[2]) a little triangular[3] piece[4] of gold[5] with three gems in it, and

threw[6] it down upon the table[7].

Nuestro[4] cliente[5] se apoderó de él con[1] un alarido[2] de júbilo[3].
With[1] a shriek[2] of joy[3] our[4] client[5] clutched it up.

-¡Lo tiene[1]! -jadeó[2]-. ¡Estoy salvado[3]! ¡Estoy salvado!
'You have[1] it!' he gasped[2]. 'I am saved[3]! I am saved!'

La reacción[1] de alegría[2] era[3] tan apasionada[4] como lo había sido su desconsuelo[5] anterior,
The reaction[1] of joy[2] was[3] as passionate[4] as his grief[5] had been,

y apretaba[1] contra el pecho[4] las gemas[3] recuperadas[2].
and he hugged[1] his recovered[2] gems[3] to his bosom[4].

-Todavía debe[1] usted algo, señor[2] Holder -dijo[3] Sherlock Holmes en tono más bien severo[4].
'There is one other thing you owe[1], Mr.[2] Holder,' said[3] Sherlock Holmes rather sternly[4].

-¿Qué debo[1]? -cogió[2] la pluma[3]-.
'Owe[1]!' He caught[2] up a pen[3].

Diga la cantidad[1] y la pagaré[2].
'Name the sum[1], and I (will pay[2]) it.'

-No, su deuda[1] no es conmigo.

'No, the debt[1] is not to me.

Le debe[1] usted las más humildes[2] disculpas[3] a ese noble[4] muchacho[5], su hijo,

You owe[1] a very humble[2] apology[3] to that noble[4] lad[5], your son,

que se ha comportado en todo este asunto[1] de un modo que a mí me enorgullecería[2] en mi propio[3] hijo, si es que (alguna vez[4]) llego a tener uno.

who has carried himself in this matter[1] as I should (be proud[2]) to see my own[3] son do, should I ever[4] chance to have one.'

-Entonces[1], ¿no fue Arthur quien[2] las robó?

'Then[1] it was not Arthur who[2] took them?'

-Se lo dije[1] ayer[2] y se lo repito[3] hoy[4]: no fue él.

'I told[1] you yesterday[2], and I repeat[3] to-day[4], that it was not.'

-¡Con qué seguridad[1] lo dice!

'You are sure[1] of it!

En tal caso, ¡vayamos (ahora mismo[1]) a decirle que ya se ha descubierto la verdad[2]!

Then let us hurry to him (at once[1]) to let him know that the truth[2] is known.'

-Él ya[2] lo sabe[1].
'He knows[1] it already[2].

Después de haberlo resuelto[1] todo, tuve una entrevista[2] con él y, al comprobar[3] que no estaba dispuesto a explicarme lo sucedido,
When I had cleared[1] it all up I had an interview[2] with him, and finding[3] that he would not tell me the story,

se lo expliqué yo a él, ante lo cual[1] no tuvo más remedio que reconocer[2] que yo ⟨tenía razón[3]⟩,
I told it to him, on which[1] he had to confess[2] that I ⟨was right[3]⟩

y añadir[1] los poquísimos[2] detalles[3] que yo aún[4] no veía muy claros[5].
and ⟨to add[1]⟩ the ⟨very few[2]⟩ details[3] which were not yet[4] quite clear[5] to me.

⟨Sin embargo[2]⟩, cuando le vea a usted ⟨esta mañana[1]⟩ quizá rompa su silencio.
Your news of ⟨this morning[1]⟩, however[2], may open his lips.'

-¡Por amor del cielo[1], explíqueme todo este extraordinario[2] misterio[3]!
'For heaven's[1] sake, tell me, then, what is this extraordinary[2] mystery[3]!'

-Voy a hacerlo, explicándole además los pasos[1] por los que llegué[2] a la solución.

87

'I will do so, and I will show you the steps[1] by which I reached[2] it.

Y permítame empezar por lo que a mí me resulta ⟨más duro[1]⟩ decirle y a usted le resultará más duro escuchar[2]:
And let me say to you, first, that which it is hardest[1] for me to say and for you ⟨to hear[2]):

sir George Burnwell y su sobrina[1] Mary se entendían, y se han fugado[2] juntos[3].
there has been an understanding between Sir George Burnwell and your niece[1] Mary. They have now fled[2] together[3].'

-¿Mi Mary? ¡Imposible[1]!
'My Mary? Impossible[1]!'

-Por desgracia[1], es ⟨más que[2]⟩ posible[3]; es seguro[4].
'It is unfortunately[1] ⟨more than[2]⟩ possible[3]; it is certain[4].

Ni[1a] usted ni[1b] su hijo conocían[2] la verdadera[3] personalidad[4] de este[5] hombre[6] cuando lo admitieron[7] en su círculo[9] familiar[8].
Neither[1a] you nor[1b] your son knew[2] the true[3] character[4] of this[5] man[6] when you admitted[7] him into your family[8] circle[9].

Es uno de los hombres[3] más[1] peligrosos[2] de Inglaterra[4]
He is one of the most[1] dangerous[2] men[3] in England[4]

... un jugador[2] arruinado[1], un canalla[3] sin[5] ningún escrúpulo, un hombre[4] sin corazón[6] ni conciencia[7].

--a ruined[1] gambler[2], an absolutely desperate villain[3], a man[4] without[5] heart[6] or conscience[7].

Su sobrina[1] no sabía[2] nada[3] sobre esta clase de hombres[4].
Your niece[1] knew[2] nothing[3] of such men[4].

Cuando[1] él le susurró[2] al oído sus promesas[3] de amor, como había hecho[4] con otras cien[5] antes[6] que con ella,
When[1] he breathed[2] his vows[3] to her, as he had done[4] to a hundred[5] before[6] her,

ella se sintió halagada[1], pensando que había sido la única[2] en llegar a su corazón[3].
she flattered[1] herself that she alone[2] had touched his heart[3].

El diablo[1] sabe[2] lo que le diría, pero[3] acabó convirtiéndola en su instrumento[4], y se veían[5] casi[6] todas[7] las noches[8].
The devil[1] knows[2] best what he said, but[3] at least she became his tool[4] and was in the habit of seeing[5] him nearly[6] every[7] evening[8].'

-¡No puedo creerlo[1], y me niego a creerlo! -exclamó[2] el banquero[3] con el rostro[5] ceniciento[4].
'I cannot, and I will not, (believe it[1])!' cried[2] the banker[3] with an ashen[4] face[5].

-Entonces[1], le explicaré lo que sucedió[2] en su casa[3] aquella noche[4].
'I will tell you, then[1], what occurred[2] in your house[3] last night[4].

Cuando pensó[2] que usted se había retirado a dormir, su sobrina[1] bajó a hurtadillas
Your niece[1], when you had, as she thought[2], gone to your room, slipped down

y habló[1] con su amante[2] a través[3] de la ventana[4] que da al sendero[6] de los establos[5].
and talked[1] to her lover[2] through[3] the window[4] which leads into the stable[5] lane[6].

El hombre estuvo[3] allí[4] tanto tiempo que dejó pisadas[1] que atravesaban toda la capa de nieve[2].
His footmarks[1] had pressed right through the snow[2], so long had he stood[3] there[4].

Ella le habló[1] de la corona[2].
She told[1] him of the coronet[2].

Su maligno[1] (afán de oro[2]) se encendió[3] al oír la noticia[4], y sometió[5] a la muchacha a su voluntad[6].
His wicked[1] (lust for gold[2]) kindled[3] at the news[4], and he bent[5] her to his will[6].

Estoy seguro de que ella le quería[1] a usted,
I have no doubt that she loved[1] you,

pero[1] hay mujeres[2] en las que el amor[3] de un amante[4] apaga[5] todos (los demás[6]) amores[7], y me parece[8] que su sobrina es de esta clase.
but[1] there are women[2] in whom the love[3] of a lover[4] extinguishes[5] (all other[6]) loves[7], and I think[8] that she must have been one.

Apenas había acabado de oír[1] las órdenes[2] de sir George, vio que usted bajaba por las escaleras, y cerró[3] apresuradamente[5] la ventana[4];

She had hardly listened[1] to his instructions[2] when she saw you coming downstairs, on which she closed[3] the window[4] rapidly[5]

a continuación, le habló de la escapada[2] de una de las doncellas[1] con su novio[4] el (de la pata de palo[3]), que era absolutamente[5] cierta[6].

and told you about one of the servants[1]' escapade[2] with her wooden-legged[3] lover[4], which was all perfectly[5] true[6].

»En cuanto a su hijo Arthur, (se fue[1]) a la cama[2] después de hablar con usted,

'Your boy, Arthur, went[1] to bed[2] after his interview with you

pero[1] no pudo dormir[2] (a causa de[3]) la inquietud[4] que le producía su deuda[6] en el club[5].

but[1] he slept[2] badly (on account of[3]) his uneasiness[4] about his club[5] debts[6].

A mitad[1] de la noche[2], oyó[3] unos pasos[4] furtivos junto a su puerta[5];

In the middle[1] of the night[2] he heard[3] a soft tread[4] pass his door[5],

se levantó[1] a asomarse y quedó muy sorprendido[2] al ver a su prima[3] avanzando[4] con gran sigilo[5] por el pasillo[6],

so he rose[1] and, looking out, was surprised[2] to see his cousin[3] walking[4] very stealthily[5] along the passage[6]

hasta desaparecer[1] en el gabinete[2].

until she disappeared[1] into your dressing-room[2].

Petrificado[1] de asombro[2], el muchacho[3] se puso encima algunas ropas[4] y aguardó[5] en la oscuridad[6] (para ver[7]) dónde iba a parar aquel extraño[8] asunto[9].

Petrified[1] with astonishment[2], the lad[3] slipped on some clothes[4] and waited[5] there in the dark[6] (to see[7]) what would come of this strange[8] affair[9].

Al poco rato, ella salió[1] de la habitación[2]

Presently she emerged[1] from the room[2] again,

y, a la luz[1] de la lámpara[3] del pasillo[2], su hijo vio[4] que llevaba[5] en las manos[8] la preciosa[6] corona[7].

and in the light[1] of the passage[2] lamp[3] your son saw[4] that she carried[5] the precious[6] coronet[7] in her hands[8].

La muchacha bajó[1] a la planta baja,

She (passed down[1]) the stairs,

y su hijo, temblando[1] (de horror[2]), corrió[3] a esconderse[4] detrás[5] de la cortina[6] que hay junto a la puerta[7] de la habitación de usted,

and he, thrilling[1] (with horror[2]), ran[3] along and slipped[4] behind[5] the curtain[6] near your door[7],

(desde donde[1]) podía[2] ver lo que ocurría en el vestíbulo[3].

whence[1] he could[2] see what passed in the hall[3] beneath.

Así vio[1] cómo ella abría[2] sin hacer ruido la ventana[3], le entregaba[4] la corona[5] a alguien[6] que aguardaba en la oscuridad[7] y,

He saw[1] her stealthily open[2] the window[3], (hand out[4]) the coronet[5] to someone[6] in the gloom[7], tras volver a cerrar[1] la ventana, regresaba[2] a toda prisa a su habitación[3], pasando[4] (muy cerca[5]) de donde él estaba escondido[6] detrás[7] de la cortina[8].

and then closing[1] it once more (hurry back[2]) to her room[3], passing[4] (quite close[5]) to where he stood[6] hid behind[7] the curtain[8].

»Mientras[1] ella estuvo a la vista, él no se atrevió a hacer nada, pues ello comprometería[3] de un modo terrible[2] a la mujer[4] que amaba[5].

"(As long as[1]) she was on the scene he could not take any action without a horrible[2] exposure[3] of the woman[4] whom he loved[5].

Pero[1] en el instante[2] en que ella desapareció, comprendió[3] la tremenda[4] desgracia[5] que aquello representaba para usted

But[1] the instant[2] that she was gone he realised[3] how crushing[4] a misfortune[5] this would be for you,

y se propuso remediarlo[1] a toda costa.

and how all-important it was to (set it right[1]).

Descalzo[3] como estaba, echó a correr[1] escaleras abajo[2], abrió[4] la ventana[5], saltó[6] a la nieve[7]

He rushed[1] down[2], just as he was, in his (bare feet[3]), opened[4] the window[5], sprang[6] out into the snow[7],

y corrió[1] por el sendero[2], donde[3] distinguió una figura[5] oscura[4] que se alejaba a la (luz de la luna[6]).

and ran[1] down the lane[2], where[3] he could see a dark[4] figure[5] in the moonlight[6].

Sir George Burnwell intentó[1] escapar[2], pero Arthur le alcanzó[3]

Sir George Burnwell tried[1] to (get away[2]), but Arthur caught[3] him,

y se entabló un forcejeo[1] entre[2] ellos, su hijo tirando[3] de un lado[4] de la corona[5] y su oponente[6] del otro[7].

and there was a struggle[1] between[2] them, your lad tugging[3] at one side[4] of the coronet[5], and his opponent[6] at the other[7].

En la pelea[1], su hijo[2] golpeó[3] a sir George y le hizo una herida encima[4] del ojo[5].

In the scuffle[1], your son[2] struck[3] Sir George and cut him over[4] the eye[5].

Entonces[1], se oyó un fuerte chasquido[2] y su hijo[3], viendo que tenía la corona[4] en las manos[5], (corrió de vuelta[6]) a la casa,

Then[1] something suddenly snapped[2], and your son[3], finding that he had the coronet[4] in his hands[5], (rushed back[6]),

cerró[1] la ventana[2], subió[3] al gabinete y allí advirtió[4] que la corona[5] se había torcido[6] durante el forcejeo[7].

closed[1] the window[2], ascended[3] to your room, and had just observed[4] that the coronet[5] had been twisted[6] in the struggle[7]

Estaba intentando[1] enderezarla[2] cuando usted apareció[3] en escena[4].

and was endeavouring[1] to (straighten it[2]) when you appeared[3] upon the scene[4].

-¿Es posible? -dijo el banquero[1], sin aliento.

'Is it possible?' gasped the banker[1].

-Entonces, usted le irritó[1] con sus insultos, precisamente cuando[2] él opinaba que merecía[3] su más encendida[4] gratitud[5].

'You then roused[1] his anger by calling him names at a moment when[2] he felt that he had deserved[3] your warmest[4] thanks[5].

No podía explicar[1] la verdad de lo ocurrido sin delatar[2] a una persona que, (desde luego[3)], no merecía[4] tanta consideración[5] por su parte.

He could not explain[1] the true state of affairs without betraying[2] one who certainly[3] deserved[4] little enough consideration[5] at his hands.

A pesar de todo, adoptó la postura más caballerosa[1] y guardó[2] el secreto[3] para protegerla.

He took the more chivalrous[1] view, however, and preserved[2] her secret[3].'

-¡Y por eso ella dio un grito[1] y se desmayó[2] al ver[3] la corona[4]! -exclamó[5] el señor Holder-.

'And that was why she shrieked[1] and fainted[2] when she saw[3] the coronet[4],' cried[5] Mr. Holder.

¡Oh, Dios[1] mío! ¡Qué ciego[2] y estúpido[3] he sido!

'Oh, my God[1]! what a blind[2] fool[3] I have been!

¡Y él pidiéndome[1] que le dejara[2] salir[3] cinco[4] minutos[5]!

And his asking[1] to be allowed[2] to (go out[3]) for five[4] minutes[5]!

¡Lo que quería[2] el pobre muchacho[1] era ver[3] si el trozo[5] que faltaba[4] había quedado en el lugar[6] de la lucha[7]!
The dear fellow[1] wanted[2] to see[3] if the missing[4] piece[5] were at the scene[6] of the struggle[7].

¡De qué modo tan cruel[1] le he malinterpretado[2]!
How cruelly[1] I have misjudged[2] him!'

-Cuando[1] yo llegué[2] a la casa[3] -continuó[4] Holmes-,
'When[1] I arrived[2] at the house[3],' continued[4] Holmes,

lo primero que hice fue examinar atentamente[1] los alrededores, por si había huellas[2] en la nieve[3] que pudieran ayudarme[4].
'I at once went very carefully[1] round it to observe if there were any traces[2] in the snow[3] which might (help me[4]).

Sabía[1] que no había nevado desde la noche[2] anterior[3], y que la fuerte[4] helada[5] habría conservado[6] las huellas[7].
I knew[1] that none had fallen since the evening[2] before[3], and also that there had been a strong[4] frost[5] to preserve[6] impressions[7].

Miré el sendero[2] de los proveedores[1], pero lo encontré[3] todo pisoteado[4] e indescifrable[5].
I passed along the tradesmen's[1] path[2], but found[3] it all (trampled down[4]) and indistinguishable[5].

(Sin embargo[1]), un poco más allá, al otro lado[2] de la puerta[4] de la cocina[3], (había estado[6]) una mujer[5] hablando[7] con un hombre[8],

Just beyond it, however[1], at the far side[2] of the kitchen[3] door[4], a woman[5] (had stood[6]) and talked[7] with a man,[8]

una de cuyas pisadas[1] indicaba[2] que tenía una (pata de palo[3]).

whose round impressions[1] on one side showed[2] that he had a (wooden leg[3]).

Se notaba incluso que los habían interrumpido[1],

I could even tell that they had been disturbed[1],

porque la mujer[1] había vuelto corriendo[2] a la puerta[3], como demostraban[4] las pisadas con la punta del pie muy marcada y el talón muy poco,

for the woman[1] had run[2] back swiftly to the door[3], as was shown[4] by the deep toe and light heel marks,

mientras[1] Patapalo[2] se quedaba esperando[3] (un poco[4]), para después marcharse[5].

while[1] Wooden-leg[2] had waited[3] (a little[4]), and then had (gone away[5]).

Pensé[1] que podía tratarse de la doncella[2] de la que usted me había hablado[4] y su novio[3], y un par de preguntas me lo confirmaron.

I thought[1] at the time that this might be the maid[2] and her sweetheart[3], of whom you had already spoken[4] to me, and inquiry showed it was so.

Inspeccioné el jardín[1] sin[2] encontrar nada más que pisadas[3] sin rumbo fijo, que debían ser de la policía[4];

I passed round the garden[1] without[2] seeing anything more than random tracks[3], which I took to be the police[4];

pero[1] cuando llegué al sendero[3] de los establos[2], encontré escrita[7] en la nieve[8] una larga[4] y complicada[5] historia[6].

but[1] when I got into the stable[2] lane[3] a very long[4] and complex[5] story[6] was written[7] in the snow[8] in front of me.

»Había[1] una doble[2] línea[3] de pisadas de un hombre[5] (con botas[4]),

"(There was[1]) a double[2] line[3] of tracks of a booted[4] man[5],

y una segunda[1] línea[3], también doble[2], que, como comprobé con satisfacción, correspondían[4] a un hombre[5] con los pies[6] descalzos.

and a second[1] double[2] line[3] which I saw with delight belonged[4] to a man[5] with naked feet[6].

Por lo que usted me había contado[2], quedé convencido[1] de que pertenecían a su hijo[3].

I was at once convinced[1] from what you had told[2] me that the latter was your son[3].

El primer[1] hombre había andado[2] a la ida y a la venida, pero el segundo había corrido[3] a gran velocidad,

The first[1] had walked[2] both ways, but the other had run[3] swiftly,

y sus huellas[1], superpuestas a las de las botas, demostraban que corría detrás[2] del otro[3].

and as his tread[1] was marked in places over the depression of the boot, it was obvious that he had passed after[2] the other[3].

Las seguí[1] en una dirección y comprobé[2] que llegaban hasta la ventana[4] del vestíbulo[3],

I followed[1] them up and found[2] they led to the hall[3] window[4],

donde[1] (el de las botas[2]) había permanecido tanto tiempo que dejó la nieve[3] completamente pisada.

where[1] Boots[2] had worn all the snow[3] away while waiting.

Luego[1] las seguí en la otra[2] dirección, hasta unos cien[3] metros sendero[4] adelante.

Then[1] I walked to the other[2] end, which was a hundred[3] yards or more down the lane[4].

Allí, (el de las botas[1]) se había dado la vuelta, y las huellas en la nieve[2] parecían indicar que se había producido una pelea[3].

I saw where Boots[1] had faced round, where the snow[2] was cut up as though there had been a struggle[3],

Incluso habían caído[3] unas gotas[1] de sangre[2], que confirmaban mi teoría.

and, finally, where a few drops[1] of blood[2] had fallen[3], to show me that I was not mistaken.

Después, (el de las botas[1]) había seguido corriendo por el sendero[2];

Boots[1] had then run down the lane[2],

una pequeña mancha[1] de sangre[2] indicaba[3] que era él el que había resultado herido[4].

and another little smudge[1] of blood[2] showed[3] that it was he who had been hurt[4].

99

Su pista se perdía al llegar[1] a la carretera[2], donde habían limpiado[4] la nieve del pavimento[3].

When he came[1] to the highroad[2] at the other end, I found that the pavement[3] had been cleared[4], so there was an end to that clew.

»⁽Sin embargo[3]⁾, al entrar[1] en la casa[2], recordará usted que examiné[4] con la lupa[9] el alféizar[5] y el marco[6] de la ventana[8] del vestíbulo[7],

'On entering[1] the house[2], however[3], I examined[4], as you remember, the sill[5] and framework[6] of the hall[7] window[8] with my lens[9],

y pude advertir ⁽al instante[1]⁾ que alguien[2] ⁽había pasado[3]⁾ por ella.

and I could ⁽at once[1]⁾ see that someone[2] ⁽had passed[3]⁾ out.

Se notaba la huella dejada por un pie[2] mojado[1] al entrar[3].

I could distinguish the outline of an instep where the wet[1] foot[2] had been placed in ⁽coming in[3]⁾.

Ya podía empezar[1] a formarme una opinión[2] de lo ocurrido[3].

I was then beginning[1] to be able to form an opinion[2] as to what had occurred[3].

Un hombre[1] había aguardado[2] fuera[3] de la casa junto a la ventana[4].

A man[1] had waited[2] outside[3] the window[4];

Alguien[1] le había entregado[2] ⁽la joya[3]⁾;

someone[1] had brought[2] the gems[3];

su hijo[1] había sido testigo de la fechoría, había salido en persecución del ladrón[2], había luchado[3] con él,

the deed had been overseen by your son[1]; he had pursued the thief[2]; had struggled[3] with him;

los dos habían tirado[1] de la corona[2]

they had each tugged[1] at the coronet[2],

y la combinación de sus esfuerzos[1] provocó daños[2] que ninguno[3] de ellos habría podido causar por sí solo[4].

their united strength[1] causing injuries[2] which neither[3] alone[4] could have effected.

Su hijo había regresado[1] con la corona, pero dejando[2] un fragmento[3] en manos de su adversario[4].

He had returned[1] with the prize, but (had left[2]) a fragment[3] in the grasp of his opponent[4].

Hasta ahí, estaba claro[1].

So far, I was clear[1].

Ahora[2] la cuestión[1] era: ¿quién[3] era el hombre[4] de las botas y quién le entregó[5] la corona[6]?

The question[1] now[2] was, who[3] was the man[4] and who was it brought[5] him the coronet[6]?

»Una vieja[1] máxima[2] mía[3] dice que, cuando[4] has eliminado[5] lo imposible[6],

'It is an old[1] maxim[2] of mine[3] that when[4] you have excluded[5] the impossible[6],

lo que queda[1], por muy improbable[2] que parezca, tiene que ser la verdad[3].

whatever remains[1], however improbable[2], must be the truth[3].

Ahora[1] bien, yo sabía[2] que no fue usted quien entregó[3] la corona, así que sólo[4] quedaban[5] su sobrina[6] y las doncellas[7].

Now[1], I knew[2] that it was not you who had brought[3] it down, so there only[4] remained[5] your niece[6] and the maids[7].

Pero[1] si hubieran sido las doncellas[2], ¿por qué iba su hijo[3] a permitir[4] que lo acusaran[5] a él en su lugar[6]?

But[1] if it were the maids[2], why should your son[3] allow[4] himself to be accused[5] in their place[6]?

No tenía ninguna razón[2] posible[1].

There could be no possible[1] reason[2].

(Sin embargo[3]), sabíamos que amaba[1] a su prima[2], y allí teníamos una excelente[4] explicación[5] de por qué guardaba silencio,

As he loved[1] his cousin[2], however[3], there was an excellent[4] explanation[5] why he should retain her secret

sobre todo teniendo en cuenta que se trataba de un secreto deshonroso[1].

-- the more so as the secret was a disgraceful[1] one.

Cuando[1] recordé[2] que usted la (había visto[3]) junto a aquella misma ventana[4],

When[1] I remembered[2] that you (had seen[3]) her at that window[4],

y que se había desmayado[1] (al ver[2]) la corona[3], mis conjeturas[4] (se convirtieron en[5]) certidumbre[6].

and how she had fainted[1] 'on seeing[2]' the coronet[3] again,
my conjecture[4] became[5] a certainty[6].

»¿Y quién[1] podía[2] ser su cómplice[3]?
'And who[1] could[2] it be who was her confederate[3]?

Evidentemente[2], un amante[1], porque ¿quién otro podría hacerle renegar del amor[3] y gratitud[4] que sentía[5] por usted?
A lover[1] evidently[2], for who else could outweigh the love[3] and gratitude[4] which she must feel[5] to you?

Yo sabía[1] que ustedes salían[2] poco[3], y que su círculo[4] de amistades[5] era reducido[6];
I knew[1] that you 'went out[2]' little[3], and that your circle[4] of friends[5] was a very limited[6] one.

pero[1] 'entre ellas[2]' figuraba sir George Burnwell.
But[1] 'among them[2]' was Sir George Burnwell.

Yo ya había oído[1] hablar de él, como hombre[2] de mala[3] reputación[4] entre[5] las mujeres[6].
I had heard[1] of him before as being a man[2] of evil[3] reputation[4] among[5] women[6].

Tenía que haber sido él el que llevaba[1] aquellas[2] botas[3] y el que se había quedado[4] con las piedras perdidas[5].
It must have been he who wore[1] those[2] boots[3] and retained[4] the missing[5] gems.

Aun[1] sabiendo[2] que Arthur le había descubierto[3], se consideraba a salvo[4]
Even[1] though he knew[2] that Arthur had discovered[3] him, he might still flatter himself that he was safe[4],

porque el muchacho[1] no podía decir[2] una palabra[3] sin comprometer[4] a su propia[5] familia[6].

for the lad[1] could not say[2] a word[3] without compromising[4] his own[5] family[6].

»En fin, ya se imaginará usted las medidas[1] que adopté[2] a continuación.

'Well, your own good sense will suggest what measures[1] I took[2] next.

Me dirigí, disfrazado de vago[1], a la casa[2] de sir George, me las arreglé para entablar conversación con su lacayo[3],

I went in the shape of a loafer[1] to Sir George's house[2], managed to pick up an acquaintance with his valet[3],

me enteré de que su señor[1] se había hecho una herida en la cabeza[2] la noche[3] anterior[4]

learned that his master[1] had cut his head[2] the night[3] before[4],

y, (por último[1]), al precio de seis[2] chelines[3], conseguí la prueba definitiva comprándole[4] (un par[5]) de zapatos[6] viejos de su amo.

and, finally[1], at the expense of six[2] shillings[3], made all sure by buying[4] (a pair[5]) of his cast-off shoes[6].

Me fui con ellos a Streatham y comprobé que coincidían[2] exactamente[1] con las huellas[3].

With these I journeyed down to Streatham and saw that they exactly[1] fitted[2] the tracks[3].'

-Ayer[4] por la tarde vi un vagabundo[2] harapiento[1] por el sendero[3] -dijo el señor[5] Holder.
'I saw an ill-dressed[1] vagabond[2] in the lane[3] yesterday[4] evening,' said Mr.[5] Holder.

-Precisamente[1]. Ése era[2] yo.
'Precisely[1]. It was[2] I.

Ya tenía[1] a mi hombre[2], así[3] que volví[4] a casa[5] y me cambié[6] de ropa[7].
I found that I had[1] my man[2], so[3] I came[4] home[5] and changed[6] my clothes[7].

Tenía que actuar con mucha delicadeza, porque estaba claro que había que prescindir[2] de denuncias[1] para evitar[3] el escándalo[4],
It was a delicate part which I had to play then, for I saw that a prosecution[1] must be avoided[2] to avert[3] scandal[4],

y sabía[1] que un canalla[3] tan astuto[2] como él se daría cuenta de que teníamos las manos[4] atadas[5] por ese lado.
and I knew[1] that so astute[2] a villain[3] would see that our hands[4] were tied[5] in the matter.

Fui[1] a verlo[2].
I went[1] and (saw him[2]).

(Al principio[1]), como era de esperar, lo negó[2] todo[3].
(At first[1]), of course, he denied[2] everything[3].

Pero[1] luego, cuando le di[2] todos los detalles[3] de lo que había ocurrido[4], se (puso gallito[5]) y cogió[6] una cachiporra[7] de la pared[8].

But[1] when I gave[2] him every particular[3] that had occurred[4], he tried (to bluster[5]) and took[6] down a life-preserver[7] from the wall[8].

(Sin embargo[2]), yo conocía[1] a mi hombre y le apliqué una pistola[3] a la sien antes[4] de que pudiera[5] golpear[6].
I knew[1] my man, however[2], and I clapped a pistol[3] to his head before[4] he could[5] strike[6].

Entonces[1] se volvió[2] un poco[3] más[4] razonable[5].
Then[1] he became[2] a little[3] more[4] reasonable[5].

Le dije[1] que le pagaríamos un rescate por las piedras[2] que tenía en su poder: mil libras[3] por cada una.
I told[1] him that we would give him a price for the stones[2] he held 1000 pounds[3] apiece.

Aquello[1] provocó en él las primeras[2] señales[3] de pesar[4].
That[1] brought out the first[2] signs[3] of grief[4] that he had shown.

«¡Maldita sea! -dijo[1]- ¡Y yo que he vendido las tres[3] por seiscientas[2]!
'Why, dash it all!' said[1] he, 'I've let them go at (six hundred[2]) for the three[3]!'

»No tardé en arrancarle la dirección[1] del comprador, prometiéndole[2] que no presentaríamos ninguna denuncia[3].
I soon managed to get the address[1] of the receiver who had them, on promising[2] him that there would be no prosecution[3].

Me fui a buscarlo y, tras[1] mucho regateo[2], le saqué las piedras[3] a mil libras[4] cada una.

Off I set to him, and after[1] much chaffering[2] I got our
stones[3] at 1000 pounds[4] apiece.

Luego[1] fui a visitar a su hijo[2], le dije[3] que todo había
quedado aclarado, y por fin me acosté a eso de las dos[4],
Then[1] I looked in upon your son[2], told[3] him that all was
right, and eventually got to my bed about two[4] o'clock,

después[1] de lo que bien puedo llamar[2] una dura[3]
jornada[4].
after[1] what I may call[2] a really hard[3] (day's work[4]).'

-¡Una jornada que ha salvado[1] a Inglaterra[2] de un gran[3]
escándalo[5] público[4]! -dijo[6] el banquero[7], (poniéndose en
pie[8])-.
'A day which has saved[1] England[2] from a great[3] public[4]
scandal[5],' said[6] the banker[7], rising[8].

Señor, no encuentro[1] palabras[2] para darle las gracias[3],
pero ya comprobará usted que no soy desagradecido[4].
'Sir, I cannot find[1] words[2] to thank[3] you, but you shall
not find me ungrateful[4] for what you have done.

Su habilidad[1] ha superado[2] con creces todo[3] lo que me
habían contado de usted.
Your skill[1] has indeed exceeded[2] all[3] that I have heard of
it.

Y ahora[1], debo[2] volver al lado de mi querido[3] hijo para
pedirle perdón[4] por lo mal[5] que lo he tratado.
And now[1] I must[2] fly to my dear[3] boy to apologise[4] to him
for the wrong[5] which I have done him.

En cuanto a mi pobre² Mary, lo que usted me ha contado¹ me ha llegado al alma.

As to what you tell¹ me of poor² Mary, it goes to my very heart.

Supongo que ⁽ni siquiera¹⁾ usted, con todo su talento², puede informarme³ de dónde⁴ se encuentra ahora⁵.

⁽Not even¹⁾ your skill² can ⁽inform me³⁾ where⁴ she is now⁵.'

-Creo¹ que podemos afirmar sin temor a equivocarnos - replicó² Holmes -que está ⁽allí donde³⁾ se encuentre sir George Burnwell.

'I think¹ that we may safely say,' returned² Holmes, 'that she is wherever³ Sir George Burnwell is.

Y es igualmente¹ seguro² que, por graves que sean sus pecados³, pronto⁴ recibirán⁵ un castigo⁷ más que suficiente⁶.

It is equally¹ certain², too, that whatever her sins³ are, they will soon⁴ receive⁵ a more than sufficient⁶ punishment⁷.'

FIN
THE END

Las Aventuras de Sherlock Holmes

La Corona de Berilos

Parallel text in Spanish and English

The original text is in the public domain.

The rights for the created bilingual edition belong to Michael Neppl (bilibook.com)

Please direct any questions or concerns to:
info@bilibook.com

www.bilibook.com

Picture credits

© notkoo2008 - Fotolia.com

© Anja Kaiser - Fotolia.com

© Leigh Prather - Fotolia.com

Made in the USA
Middletown, DE
15 August 2023

36722101R10066